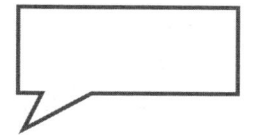

沟通

余世维 ◎ 著

北京联合出版公司
Beijing United Publishing Co.,Ltd.

图书在版编目（CIP）数据

沟通 / 余世维著 . —北京：北京联合出版公司，2023.12

ISBN 978-7-5596-7259-9

Ⅰ.①沟… Ⅱ.①余… Ⅲ.①企业管理—人际关系学 Ⅳ.① F272.9

中国国家版本馆 CIP 数据核字（2023）第 208169 号

北京市版权局著作权合同登记　图字：01–2023–1939 号

沟通

作　　者：余世维
出 品 人：赵红仕
选题策划：北京时代光华图书有限公司
责任编辑：周　杨
特约编辑：李淼淼
封面设计：新艺书文化

北京联合出版公司出版
（北京市西城区德外大街 83 号楼 9 层　100088）
北京时代光华图书有限公司发行
北京晨旭印刷厂印刷　　新华书店经销
字数 135 千字　　787 毫米 ×1092 毫米　 1/16　 13.5 印张
2023 年 12 月第 1 版　2023 年 12 月第 1 次印刷
ISBN 978-7-5596-7259-9
定价：58.00 元

版权所有，侵权必究
未经书面许可，不得以任何方式转载、复制、翻印本书部分或全部内容。
本书若有质量问题，请与本社图书销售中心联系调换。电话：010-82894445

前言 PREFACE

人人都要上沟通课

当今社会，人与人之间离不开沟通。很多人每天把一半的工作、生活时间花在沟通上，有的人的沟通时间甚至高达80%，对于他们而言，离开沟通就无法生存。由此可见，沟通非常重要。西方现代人际关系教育的奠基人戴尔·卡耐基很早就认识到沟通对一个人成功的重要性，他认为："所谓沟通就是同步。每个人都有他独特的地方，而与人交际则要求他与别人一致。"石油大王约翰·洛克菲勒也说："假如人际沟通能力也同糖或咖啡一样是商品的话，我愿意付出比太阳底下任何东西都昂贵的价格购买这种能力。"

一个人要做出成绩，一定要学会沟通，特别是要学会面向很多人讲话。面向很多人讲话的典型方式是演讲。演讲不仅可以表达思想，使演讲者与听讲者形成思想的交流与共鸣，也能够训练

沟通

演讲者本人的思维能力和应变能力。

在公司里，沟通能力也是每一位管理者必备的素质。管理学著作中常常提到做管理者需要具备一些条件，比如说影响力、凝聚力、创新性、沟通力等。可见，对于管理者而言，沟通力是必不可少的。惠普一位高级经理说："员工之间有效的沟通是必要的。员工之间能够自由自在地交流应成为企业考虑的一个问题，不管我们在做什么，不管我们采用什么样的组织形式，尝试什么样的制度，沟通都是企业生存和发展的基础。我们做什么事情都不能损坏这个基础。"

不管你是董事长、副董事长，还是车间主任、班组长，都要学会与你的下属有效沟通。你需要把公司的政策、自己的想法和意图清楚地告诉下属，让他们正确无误地执行。有些管理者常常以为开个会，把公司的政策讲一讲，然后做个报告，员工大概就明白怎么做了。其实，根本不是这样的。如果开会真的那么有效，就不会出现"文山会海"这个词了——一天到晚开会是没有用的，有效沟通才是解决问题的关键。

沟通，是管理者与公司内部人员建立良好关系、赢得信任，并激发组织智慧、活力的必要工具和手段。

无论是杰克·韦尔奇领导下的通用电气、山姆·沃尔顿领导下的沃尔玛，还是赫布·凯莱赫领导下的美国西南航空，公司内部几乎每一名员工都能清楚地了解这些领导者的主张，也都知道他们对员工有什么期望。因为他们是优秀的沟通者，也是公司员工良好的工作伙伴，他们一直在密切留意员工和公司运营的情况。为了了解下情，他们乐于与员工讨论工作，并且乐此不疲。因此，他们非常清楚公司的运营状况，甚至是细节。

正是这些领导者积极主动地与员工沟通的意愿和非凡的沟通力，强化了他们对整个公司的影响力。反过来，他们对公司事务的热情参与，也大大激发了员工们的工作激情，从而推动公司迅速成长。

然而在日常的工作、生活中，很多人并不能做到有效沟通，不少人逐渐形成了一种固有的行为方式，那就是所谓的"听话"：孩子要听大人的话，晚辈要听长辈的话，下级要听上级的话……这种单向的、服从式的管理模式阻碍了人与人之间的正常沟通，使沟通变成一种自上而下的灌输。这对我们的工作和生活是很不利的。

所以，人人都需要上沟通课。学会有效沟通，对于我们来说，是重中之重。

目录

第一章 沟通也是生产力

> 有效沟通对企业的作用是：凡事和员工讲清楚，保证执行到位；让员工参与管理，激励其改善绩效；交流经验与教训，促进员工共同成长；互通有无，实现信息共享。

沟通，要从"心"开始 /003

1. 影响沟通的三种心态 /003
2. 良好的沟通离不开关心 /006
3. 有效的沟通需要主动 /008

沟通，让企业运转更高效 /013

1. 凡事和员工讲清楚，保证执行到位 /013
2. 让员工参与管理，激励其改善绩效 /015
3. 交流经验与教训，促进员工共同成长 /016
4. 互通有无，实现信息共享 /018

I

第二章　改善沟通是企业的当务之急

> 企业中普遍存在三大问题：向上沟通没有胆，向下沟通没有心，水平沟通没有肺。不解决好这三大问题，企业便无法实现有效沟通。

不会沟通，搞再多形式都没用　/ 023

1. 成功和失败的公司都有总经理　/ 023
2. 成功和失败的公司都配电脑　/ 026
3. 成功和失败的公司都开会　/ 028
4. 成功和失败的公司都打广告　/ 035

不消除三大症结，有效沟通便是空谈　/ 039

1. 向上沟通没有胆　/ 040
2. 向下沟通没有心　/ 046
3. 水平沟通没有肺　/ 054

第三章　沟通为什么这么难

> 在沟通的过程中会有很多障碍，使得沟通变得艰难。从障碍产生的主体来看，沟通的障碍大体分为两大类型，分别是个人之间的沟通障碍（即个人障碍）和公司内部的沟通障碍（即组织障碍）。

个人之间的沟通障碍　/ 067

1. 职位的差异让员工不敢跟领导沟通　/ 067
2. 专业背景的不同容易造成曲解　/ 069
3. 虚假消息会蒙蔽人眼　/ 072

4. 偏见会让人戴上有色眼镜 / 075

5. 经验主义害死人 / 076

6. 情绪会影响人的判断力 / 078

公司内部的沟通障碍 / 080

1. 信息泛滥致使有用信息被无视 / 080

2. 时间压力容易让企业总爱抓大放小 / 082

3. 沉闷的组织氛围会阻碍沟通 / 083

4. 信息过滤使企业上下不能互通 / 086

5. 缺乏反馈使沟通起了反作用 / 090

第四章 如何突破障碍实现有效沟通

> 前文我们讲到沟通有十一种障碍：六种个人障碍、五种组织障碍。那么，我们该如何克服这些障碍呢？我认为有三件重要的事情是要认真做的，分别是：保证沟通到位，避免踢皮球；说话既有重点，又有技巧；会说，更要会倾听。

保证沟通到位，避免踢皮球 / 095

1. 事前问清楚 / 095

2. 事中有反馈 / 096

2. 事后负责任 / 097

说话既有重点，又有技巧 / 098

1. 抓住重点，把话说到刀刃上 / 098

2. 善用比喻，让道理浅显易懂 / 102

III

会说，更要会倾听　/ 105

 1. 为什么要做一名聆听者　/ 105

 2. 如何成为倾听高手　/ 106

第五章　沟通需要好过程

> 整个沟通过程需要具备五个要素，分别是发讯者、编码、渠道、解码、收讯者。其中，编码、渠道和解码是影响沟通效果最为关键的要素，只有将这三个环节做好，沟通才能畅通。

准确地传达信息　/ 120

 1. 运用好技巧，柳暗花明　/ 121

 2. 态度坚决，问题迎刃而解　/ 123

 3. 储备各类知识，避免对牛弹琴　/ 124

 4. 了解文化背景，做到入乡随俗　/ 125

保证沟通渠道畅通　/ 127

 1. 避免沟通渠道被干扰扭曲　/ 127

 2. 灵活应对无处不在的传言　/ 130

消除沟通漏斗现象，保证信息不失真　/ 135

 1. 自己只能讲出心中所想的 80%　/ 136

 2. 别人听到的只是你心中所想的 60%　/ 137

 3. 别人听懂的只是你心中所想的 40%　/ 138

 4. 别人执行的只是你心中所想的 20%　/ 139

第六章　态度是沟通的第一生命

> 态度决定一切，态度是沟通的第一生命，好的态度让沟通达到事半功倍的效果。如果态度问题没有解决好，沟通的效果就不会好。在沟通中，我们要采取积极的、不卑不亢的态度，既不退缩，也不攻击，从而达到最佳的沟通效果。

应以怎样的态度进行沟通　/ 145

1. 退缩的态度，让人无路可退　/ 146
2. 攻击的态度，让人更加孤单　/ 147
3. 积极的态度，让人享受沟通　/ 149

沟通时不搞小动作　/ 155

1. 把人拉到角落里讲话　/ 155
2. 关起门来说话　/ 156
3. 压低声音讲话　/ 157
4. 说话时现狼顾之态　/ 157
5. 时刻表现亲密关系　/ 158

第七章　通过行为语言看透对方真实想法

> 在与别人沟通的时候，要善于观察对方的行为语言，从动作、姿态和表情中探察他的内心，从而获得一些有用的信息。

行为语言由哪些要素构成　/ 163

1. 动作——讲话的黄金搭档　/ 164

2. 表情——心理变化的晴雨表 / 164

3. 身体距离——关系亲密程度的度量尺 / 165

读懂形形色色的行为语言 / 166

1. 领域行为——"这是我的地盘" / 166

2. 礼貌行为——最好的沟通暖心剂 / 168

3. 伪装行为——藏不住心思 / 176

4. 暗示行为——此时无声胜有声 / 180

第八章 七个技巧，让上司了解你

> 我经常听到一些员工抱怨："哎呀，我的上司不了解我。"其实，这是因为你没有让上司了解你，你没有创造让上司了解你的机会。那么，怎么做才能让上司了解你呢？本章提出七个让上司了解你的技巧，希望能对你有所帮助。

主动报告工作进度 / 189

积极应对上司的各种询问 / 190

努力学习，提升自我价值 / 192

接受批评，同样的错误不犯第三次 / 194

不忙的时候主动帮助别人 / 196

毫无怨言地接受任务 / 198

主动改善自己的业务能力 / 200

第一章
沟通也是生产力

有效沟通对企业的作用是：凡事和员工讲清楚，保证执行到位；让员工参与管理，激励其改善绩效；交流经验与教训，促进员工共同成长；互通有无，实现信息共享。

▪▪▪▪ 沟通，要从"心"开始

沟通不仅是一门艺术，还是一门学问，学会与人沟通要从"心"开始：用真心、关心和主动筑起心与心之间的桥梁，从而使交流更为顺畅。

1. 影响沟通的三种心态

人最重要的就是心态。一个人如果心态不好，就会出现严重的沟通障碍。在影响人与人沟通的心态中，有三种是很不好的，它们分别是：自私、自我、自大。

自私——只关心"五伦"之内的人

自私，从狭义上讲，就是心中只有自己，而不顾及其他任何人；从广义上讲，就是"我只帮助我认识的人，其他不认识的人与我无关"，套用中国一句古语，就是只关心"五伦"之内的人，即孝敬父母、关爱兄弟姐妹、夫妇循礼、对朋友忠诚宽容、同道相谋。其实，不管你认不认识这个人，对于应该做的事情你都要主动去做。

> 在没有禁止燃放鞭炮的时候，很多人都觉得放鞭炮就应该放个痛快。于是，不仅逢年过节、婚丧嫁娶，哪怕是孩子满月、店铺开业、工程完工等，他们都要放鞭炮，甚至大放特放。这样做他们自己会觉得很爽，但是别人不见得舒服——也许隔壁有一位生病的老人，抑或是有一个初生的婴儿。可是有些人就不会考虑别人：我喜欢放就放，我喜欢放多久就放多久，我才不理睬邻居会怎么想。这种想法就非常自私。

自我——别人的问题与我无关

什么叫自我呢？它和狭义的自私有些相似，就是只关心自己的利益，别人的好坏与己无关。比方说，一个抽烟的人根本就不顾及自己抽烟会对周围的人产生何种影响，这就是一种自我的表现。

我所居住的小区里发生的一些事情总是让人感到很难受。小区里有很多人在遛狗，却很少有人会随身携带小铲子、塑料袋，把自家狗的排泄物处理一下。他们并不把狗随地大小便当回事，听之任之。这些都是只关心自己的利益而没有考虑别人利益的行为。对此，我想说：小区的秩序其实要靠大家维护，我们不能把车随意停在别人家门口，不能让自家的狗随处大小便，也不能乱丢垃圾。

自大——我的想法就是答案

自大的典型心态就是：我是领导，我的想法就是答案，下属不能提意见。这就好比在自己和下属之间立起了一堵墙，阻断了自己与下属之间的交流和沟通。因此，自大的心态是沟通之大忌。

唐太宗说过："以铜为鉴，可正衣冠；以古为鉴，可知兴替；以人为鉴，可明得失。"他之所以这么说，是因为他有一个能直陈想法的大臣——魏徵。魏徵能直率地向唐太宗提意见，经常在朝廷上直抒己见，唐太宗也因为能听取正确意见，所以在他统治时期，政治清明、社会安定，唐朝出现了经济繁荣、国力强盛的局面。

唐太宗作为帝王，在面对大臣的反驳时都能从谏如流，反观我们自己，能做到这一点的人又有多少呢？现实生活中的情况往往是：团队其他成员提出不同的意见，听者就百般不乐意；员工稍微讲一句话，管理者就很不痛快。这样的话，又怎么能利于沟通呢？

2. 良好的沟通离不开关心

掌上灵通咨询有限公司（以下简称"掌上灵通"）允许员工在办公室里养鸟。这一举措乍听起来令人匪夷所思：在公司这样一个严肃的场合里竟然允许养鸟？掌上灵通前CEO杨镭是这么解释这个问题的："公司允许养鸟是为了给员工创造轻松快乐的工作环境。"

如今，社会发展的步伐日益加快，竞争越来越激烈，每位员工都要承受不小的工作压力。掌上灵通的这一举措是极具人性化的。其实，不只掌上灵通，还有一些公司也有类似的制度：允许员工把玩具带到公司，允许员工在办公场所放音乐，或者为员工在间歇的时候准备咖啡……凡此种种，都是为了尽量减轻员工的压力，使他们能够在舒适的环境中愉快地工作。这实际上都是公司对员工的一种重视和关心。

关心大致包含以下几个方面：

- 关心别人的难处；
- 关心别人的不便；
- 关心别人的痛苦。

一次我在香港乘飞机时，在书店看到一本很好的精装书。我很喜欢这本书，就把它拿在手上，此时店员走过来说："这本书你想要吗？""是。"我回答。"我帮你拿到柜台去。"说罢，他就将书拿到柜台去了。

后来我又看上一本书。"这本书你也要吗？"他又走过来问。我说："是啊。"他又将书拿到柜台去了。

等我到柜台去结账的时候，天哪，七本！毕竟我要乘机，拎着七本书会很不方便。我有点后悔了。他似乎意识到我的难处，对我说："先生别担心，你先到

沟通

别的地方去买东西，这七本书我们帮你包好，等一下帮你拎上飞机。"其实他只能拎到登机口，但是他的这句话让我很感动。

后来我上飞机的时候，那个小伙子果然拎着我的七本书，等候在登机口。

这是一件很小的事情，却折射出那位店员对顾客的关心——看到我拿的书比较多，肯定不方便，于是帮我拿到柜台，又将书送到登机口。而这份关心，有效促进了我与店员的沟通——买了很多书。

3. 有效的沟通需要主动

> 主动沟通是一切交往的前提，因为沟通产生理解，理解产生信任。

主动沟通是一切交往的前提，因为沟通产生理解，理解产生信任。然而在

第一章
沟通也是生产力

现实生活中，很多人都没有主动沟通的习惯，或者主动沟通的意识很淡薄。我们一定要有主动沟通的意愿，这样才会使我们的沟通更有效果，在工作上获得更大的提高。

既要主动要求，又要主动反馈

所谓有效沟通，实际是一个主动的双向过程，就好比你向电脑输入一个指令，电脑就会执行这个指令并在屏幕上显示结果（即输出）——这是一个反馈动作。如果没有主动要求和主动反馈，人们就没有办法把事情做好（见图1-1）。

> 所谓有效沟通，实际是一个主动的双向过程，既要主动要求，又要主动反馈。

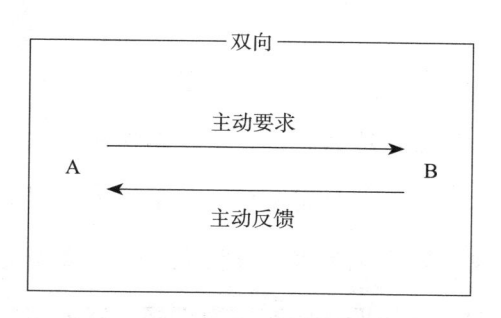

图1-1 主动沟通示意图

沟通

需要主动提供支援

出现航班延误的情况，有些时候不是航空公司所能控制的，像流量管制，但航空公司可以负起一部分责任。遇到航班延误，航空公司应该提供怎样的服务，才能把旅客的抱怨降到最低呢？航空公司要主动去找旅客，而不是只在那里一直广播，不管旅客听到与否。在机场服务中：要主动举牌，说某个航班快要起飞了，希望安检员能够让搭乘这个航班的旅客先走；要主动在大厅内疏导旅客，对紧急登机的旅客，要优先办理登机手续；对行李很多的旅客，要主动帮其把行李运到办理登机牌的地方，让旅客赶快办理登机手续；飞机要离开航站楼的时候，登机廊桥要迅速移走，地勤人员要快速撤离。

我以前在航空公司工作就是这么做的，这些事情都是航空公司可以努力做到的。所以，航空公司不要一味把航班延误的责任推卸给流量管制，或者要么说是因为安检太慢，要么说是因为乘客没有注意听广播……如果这些事情做不好，就说明航空公司主动精神不够。

有一年，日本东京突遭台风袭击。由于台风来得极为突然，以致整个东京交通瘫痪，地铁、电车等交通工具都停止了运营。当时东京的地铁站里滞留了两三万人，大家都很着急。没多久，大家就听到广播里说："各位乘客请注意，现在外面有台风，交通完全中断。请各位不要着急，我们很快会送来盒饭。"原来东京地铁的工作人员向东京都政府紧急求救，最终从各大餐厅紧急调来两三万份盒饭。

对于台风的突袭，东京地铁运营公司、东京都政府都始料未及，以至有点措手不及，但即使在这种突发情况之下，他们仍旧能够做到主动支援，积极采取措施来应对，这种主动精神是很可贵的。

自働化才是真正的自动化

看到这个标题，你多半会感到疑惑，是不是写错字了，怎么会有"自働化"这样的写法呢？如果没有写错，那么"自动化"和"自働化"又有什么不同呢？

其实，"働"是日本人自己创造的文字。"动"和"働"在意思上是有区别的。自动化，即英文中的 automation。我们通常说"自动化的机器"和"自动化的流水线"，也就是说，将原料送入机器当中，让机器自动地运转操作，有时候原料会被加工成不合格的产品。因此，日本人很早就发现"自动化"这个写法其实不够准确。机器和流水线在运作时，人的职责不只是把原料送入机器或流水线，更应该从旁盯着，一旦发现问题，就可以将其停下来调整。如果没有人监控机器或流水线的运转，以便随时发现问题并及时解决，那就不是真正的自动化。真正的自动化是人要主动地观察，主动地反馈，所以日本人在"动"字旁边加了个"亻"，"自动化"就变成了"自伱化"。

如果某个工人生产出很多废品，车间组长就会批评他："不知道什么叫作自伱化吗？"意思就是说他的眼睛没有盯住机器。不要认为有了机器就可以解决一切问题，人应该发扬主动的精神，不要完全依赖机器。

品管，这个职位有积极和消极之分。消极的品管是产品制造出来后再开始挑哪些好哪些不好；积极的品管是在制造产品的过程中就控制好，将问题消除在萌芽状态，减少不良品的产出率。

沟通，让企业运转更高效

在企业中，管理者与员工进行有效沟通，有什么好处呢？归结起来，有效沟通主要有以下四个作用。

1. 凡事和员工讲清楚，保证执行到位

员工是否了解公司的政策？是否能够按照公司的政策或领导的要求去做事？这些情况，管理者如果不去跟员工沟通，是无从知晓的。也就是说，没有沟通，管理者无法了解员工的行为。所以，沟通的第一个作用是了解员工的行为，保证员工执行到位。

很多时候，我们都说员工没有执行力，其实是员工不了解

沟通

> 沟通的第一个作用是了解员工的行为,保证员工执行到位。

公司的政策。因此,让员工具备执行力的前提就是把公司的政策、老板的意图和想法跟员工讲清楚。简言之,就是先沟通再执行。如果员工不清楚公司的政策,管理者就指望他们执行,这几乎是不可能的。

举一个很简单的例子。老板说:"我们把环境搞干净。"这句话其实无法执行。怎么样才算是干净?干净的具体标准是什么?如果没有将标准跟员工讲清楚,员工只会一知半解。员工认为他打扫干净了,而老板认为还不干净。表面看起来,似乎是员工执行不到位,其实是双方沟通出现了问题——事先没有说清楚标准,员工就开始执行了。

我去苏州的时候最喜欢住吴宫泛太平洋酒店。这家酒店非常干净,员工做事情也非常令人满意。酒店总经理有句话讲得好："我们的团队就是我们的财富。"

有一次在酒店相遇，我跟他打招呼："你真的不容易啊！这个酒店搞得这么好，里里外外这么整洁，上上下下这么有秩序，员工对客户这么彬彬有礼，交代的事情从来不会忘记，答应客户的事情也统统做到了。"他感谢我对他工作的肯定，也讲了一句很关键的话："为了管好这个酒店，我每天上上下下二三十次。"

他上上下下二三十次，就是在检查员工的工作做得如何，一旦看到问题，他就会给负责那一块的员工讲标准，甚至做示范，直到员工做好。他就是这样把酒店管好的。

其实，把一个企业管好没有别的秘诀，就是要盯住每个人，跟每个员工沟通好。如此一来，员工就知道该怎么做了，自然就可以执行到位。

2. 让员工参与管理，激励其改善绩效

一定要让员工有机会参与公司的决策，使员工有归属感，这样他就会自动自发地把事情做好，从而改善绩效。所以，沟

沟通

> 沟通的第二个作用是让员工参与管理，激励员工改善绩效。

通的第二个作用是让员工参与管理，激励员工改善绩效。

那么，怎样沟通才能让员工乐于参与其中呢？这就需要你不断地激励他，让他说出自己对公司发展的建议和看法，然后你从中采纳合理的意见并切实执行。当他看到自己的建议得到了公司的认可和重视时，他会觉得自己是公司的一分子，就会调动起责任感和做事的激情，愿意把事情做好。如果每个员工都这么做，公司的事情就变成大家的事情了。相反，如果你只是下个命令让他去执行，他的合理建议你一点都不采纳，他就会觉得自己只是公司的一台机器而已，工作自然没有激情，效率也会受到影响。

3. 交流经验与教训，促进员工共同成长

有的时候管理者跟员工沟通，也是为了相互表达情感，分享成功的经验，分析失败的教训，使员工在交流中得以

成长。管理者可以和员工进行一对一的沟通，也可以将员工组织起来，开沟通交流会，促进员工共同进步。所以，沟通的第三个作用是交流经验与教训，促进员工共同成长。安利公司在这方面的做法就值得大家参考和借鉴。

> 沟通的第三个作用是交流经验与教训，促进员工共同成长。

安利很注重对业务员的培养，他们经常把成功的业务员和一些有挫折感、不太成功的业务员组织到一起互相交流。成功的业务员将自己的成功经验传授给其他人，而不太成功的业务员也将自己失败的经历讲给大家听，使其他人从中吸取教训。这种沟通方法，不但使员工之间的关系更加融洽，也有利于整个团队工作效率的提高。

4. 互通有无，实现信息共享

沟通的第四个作用是互通有无，实现信息共享。

我以前任职的一家公司，前任管理者和新任管理者并不是一个离职后另一个入职。公司会让两个人一起上班大概半个月，甚至长达一个月。前任管理者会留有备忘录供新任管理者阅读参考，会带着新任管理者拜访同行、大客户等，还会拿着公司的人事档案和资料跟新任管理者讨论公司的人事问题。等到一切都交代清楚了，前任管理者才会离开。如果没有这样做，容易造成信息流的断裂和信息资源的浪费，前后任交接不到位，会导致市场和客户的流失。

> **本章小结**
>
> ◆ 人如果要做出成绩，一定要学会有效沟通。
>
> ◆ 沟通的基本问题是调整你的心态，基本原理是你要关心别人，基本要求是面对问题你应该主动支援、主动反馈。
>
> ◆ 沟通有四个作用：第一，凡事和员工讲清楚，保证执行到位；第二，让员工参与管理，激励其改善绩效；第三，交流经验与教训，促进员工共同成长；第四，互通有无，实现信息共享。

■ 第二章

改善沟通是企业的当务之急

企业中普遍存在三大问题：向上沟通没有胆，向下沟通没有心，水平沟通没有肺。不解决好这三大问题，企业便无法实现有效沟通。

■ ■ ■ ■ **不会沟通，搞再多形式都没用**

在日常工作中，我们会发现这样一个现象：绝大多数的公司都有总经理，都配电脑，都开会，都打广告，但是有的公司成功了，而有的公司却倒闭了。

其实，决定公司经营成败的因素有很多，背后的原因也不是一句两句能说清楚的，但其中一个很重要的因素就是看会不会沟通。不会沟通，公司搞再多的形式都没用。

1. 成功和失败的公司都有总经理

成功的公司有总经理，失败的公司也有总经理。那么，从沟通的角度来讲，成功公司的总经理和失败公司的总经理有什

沟通

么区别呢？

失败公司的总经理都是自己关起门来做决策的，闭门造车，从来不问别人的意见；失败公司的总经理在开会的时候从来都是搞"一言堂"；失败公司的总经理总是相信自己的方法绝对正确，从来不采纳别人的方法；失败公司的总经理总是独断专行，做事情完全凭自己的意志；失败公司的总经理从来不管市场有没有变化，员工提醒他，他也不在乎，对公司的危机充耳不闻。

总之，失败公司的总经理通常不太会沟通，往往将所有的沟通渠道都堵塞了。这对公司的发展非常不利。

周厉王很残暴，百姓对他充满了怨恨，纷纷咒骂他。他很恼火，就找到一个巫师，让他监视老百姓，一旦发现谁有不满之辞，就将其杀死。从此，大家都不敢随意说话。周厉王很得意，心想现在再也没有人说反对的话了。

周厉王的臣子召公告诫厉王说："防百姓的口，比防河川更难。河川堵塞后会溃堤，造成严重的洪涝灾害；百姓的怨恨也是一样，不能随意堵塞，应该让百姓发言宣泄，把心中所想的说出来，好的意见就可以采纳，怎么可以堵塞呢？如果堵塞他们的嘴，那又能

> 堵多久呢？"周厉王不听，仍一意孤行，结果不久后，周厉王的统治就被国人推翻了。

周厉王不愿接纳逆耳之言，把百姓的言论当作洪水猛兽，臣子告诫他，他也不听，结果落得政权被推翻的下场。作为一个公司的领导，总经理也需从中吸取经验教训。

让我们再来看看成功公司的总经理是怎么沟通的：成功公司的总经理在开会的时候，总是最后才讲话，因为如果他在前面讲，讲完后往往没有其他人敢补充；成功公司的总经理永远都是和重要的干部一起做决策，而不是一个人闭门造车；成功公司的总经理永远留意市场有没有变化，客户在讲什么，员工反映了些什么，然后把这些作为自己决策的重要参考；成功公司的总经理永远不会认为自己的想法是唯一的答案，他会

> 成功公司的总经理永远不会认为自己的想法是唯一的答案，他会认为一定有更好的方法。

沟通

认为一定有更好的方法。

同样是总经理，但有的会沟通，有的不会沟通，而公司成功与否的关键点往往就在于此。

2. 成功和失败的公司都配电脑

自从有了电脑，很多人以为坐在电脑前就是工作，好像公司就是靠电脑运作的。但是，同样配有电脑，有的公司成功了，有的公司却倒闭了。

首先，失败公司的工作人员总是在电脑里面搜索资料，但他们不知道资料不全是有用信息。电脑里面的东西都叫作资料，对公司有用的才叫作信息，二者是有本质区别的。

> 有一次，我站在一个职员后面看他工作。那个职员一直在操作电脑，他以为我在看他打字，就越打越快。我看了大概15分钟后，就问他："小周，你从刚才打到现在，在打什么？""总经理，你不是在看吗？""那你觉得刚才打的东西中哪些对公司有帮助？"他不吭声了。于是我提高声调说："大家都注意了，虽然我在跟小周讲话，但其实是在跟全办公室的人讲话。

第二章
改善沟通是企业的当务之急

> 除了打字员，对其他人而言，重要的不是打字打得多快，而是打了些什么；一个人天天上网并不重要，重要的是你在网上抓住了多少有用的信息。"

其次，失败的公司往往把电脑当作装饰的工具，用它来做一些漂亮的图表。这些图表有的颜色绚丽，有的带有动画，还有的加上了声音，做得非常有创意，但图表显示的是："本公司亏损146万元！"电脑只能告诉你发生了什么事情，却永远没办法告诉你怎样才能不亏那146万元。

最后，在失败的公司里，大家天天用电脑，却没有时间去想客户，去发现公司的危机，也没有时间去思考公司的战略，更没有时间去改良公司的产品。总之就是四个字——"没有时间"。我给大家一个忠告：级别越高的人，越要少看电脑。比如总经理在一天当中就应该有一半的时间是不看电脑的，而是要去思考公司的产品、战略、市场的变化以及公司面临的危机。领导是要用心去研究问题的，应着眼于大事情，小事情交给底下人去做就好了。比如文员、助理等就要长时间用电脑整理、打印总经理思考出来的方案策略。当然，不是说总经理绝对不能用电脑，而是不能一天到晚对着电脑，挤占掉了思考的时间。

沟通

> 成功的公司不会完全相信电脑的资料，而是从中筛选出对公司有用的信息。

我们反过来再看看成功的公司：成功的公司不会每个人天天都在用电脑，领导们总是会离开电脑到外面去，看看办公室里发生了什么事情，市场上发生了什么事情，门店里发生了什么事情；成功的公司永远不会把电脑的统计当作决策的唯一依据，他们会分析电脑统计的数据，去发现产品的缺点、战略的盲区和公司的危机；成功的公司不会完全相信电脑的资料，而是从中筛选出对公司有用的信息。

3. 成功和失败的公司都开会

职场中人，都参加过形形色色的会议。据《开会的革命》一书所讲：普通职员一生中用以开会的时间在9000小时以上，中层管理者每周大约有35%的时间用来开会，高层管理者可能超过50%；从财务数据来讲，每家公司直接花在会议上的费用占行政预算的

7%~15%，这还不包括以会议为名义的其他开销。花费了如此多精力和财力的会议，却很少有能真正达到预期效果的，有的甚至会招致参会人员的抱怨。

某公司办公室给各部门发了通知，要求大家去会议室开会，还特别强调了一句："各部门员工必须全员到会，否则一律按旷工处理。"为什么要强调这么一句呢？因为往常各部门员工一听到"开会"二字，都是想方设法能躲就躲，能逃就逃。会议在大家的心目中已经变成了浪费时间、折磨心灵的代名词。

何以如此呢？原来，这家公司每次开会不外乎两种情况：

要么是总经理一个人口若悬河、滔滔不绝地讲上一两个小时，大家或鸦雀无声、冷漠以对，或该干什么干什么。两个小时以后，员工们常常不知总经理这次会议所言何事。会后大家也没有讨论，会议结束马上一哄而散。

要么就是几个主要领导轮流讲话、互相讨论，其他人只能当旁听者，除了玩手机、上厕所和私下聊天外，实在无事可干。

参加这样的会议，大家往往是走也不是，留也不是，只能默默祈祷会议快点结束，好赶紧回办公室干自己的活儿。

自从强调"必须全员到会,.否则一律按旷工处理"以后，虽然员工们都不敢擅自找借口不去开会，但心中的不满却越积越多。

没有一个公司是不开会的。从表面上看，成功公司和失败公司开会的形式基本上大同小异，流程也基本相同，但如果仔细比较，二者还是有区别的。

企业不可不知的开会技巧

成功公司和失败公司在开会上有什么本质区别呢？我们先来看看开会时应注意的几个重点。

第一，开会之前，会议组织者应该先告诉与会者会议的主题是什么，资料要在会前发，让大家有个准备。很多时候是开会的人都进入会场了，才知道要开什么会，而且资料往往也是在会上才发。这导致开会的人事前没有任何准备，你在会上给他们发资料，他们可能会一直埋头看资料，没有人专心听你讲话了。

第二，避免开会的时候大家都不太吭声。如果什么事情都是总经理讲，就失去了沟通和交流的意义。所以我们应该事先指定几个发言的人，通过他们带动讨论。他们最好是对会议主题比较熟悉的，在他们的踊跃发言中，会议氛围慢慢就活跃起来了。

第三，开会的时候要集中话题，避免主题模糊、涣散。应该把话题拆分成几个板块，碰到什么板块讲什么话题，否则，很容易模糊焦点，离题千里。

第四，与会者不要太多，不要动不动就把大家统统叫过来。与会议有关系的人可以参加，无关的人最多只能旁听。其实，无关的人听着也没有意思，何必参加呢？

第五，要把握开会时间。如果其中一个发言者超过了规定时间却还没有讲完，就应该暂停，让下一个人先讲，没有讲完话的人到最后会议还有剩余时间的情况下再把话讲完。否则，要么会议会无限制地拖延下去，要么会导致有的人想要沟通却没有时间，而有的人却讲了一大堆无关紧要的话。

有一次公司开会，我把闹钟带进了会议室，跟所有参会人员说："各位，我今天带了闹钟来，11点半准时散会。"结果会开到11点半，闹钟响了起来，议程却只完成了一半。我说:"闹钟响了,我们散会。"这时有人说:"会还没有开完呢。"我说:"我不是告诉你们11点半散会吗?各位主管,会明天再开。散会!"

第二天,我又把闹钟带进会议室:"各位,今天我们继续开,11点半散会。"结果,会议在11点28分就结束了。

第六,会议结束后,一定要解决两个问题:一是,今天的会议有没有结果,有没有提出解决问题的方法,如果没有,这次会就白开了;二是,今天的会议所交代的事情最后由谁负责,没有人负责,这次会也白开了。

总之,开会最重要的就是明确会议的目的:让大家坐在一起协调和处理公司的问题。如果会议在程序、发言、资

> 开会最重要的就是明确会议的目的:让大家坐在一起协调和处理公司的问题。

料、监督和方法上最终没有形成一个结果，会议就失去了沟通的意义。

会议既然是为了沟通，就应该是双向的：既有传达，又有反馈；上面的人要讲，底下的人也要讲。如果底下的人只是在听，就不叫作沟通，而叫作政令宣达，那何必要开会呢？只要把内容在网上或公告栏上公布就可以了。

会场设计要采用双 U 字形

在这里，我想讲一下我对于会场设计的想法（见图 2-1）。

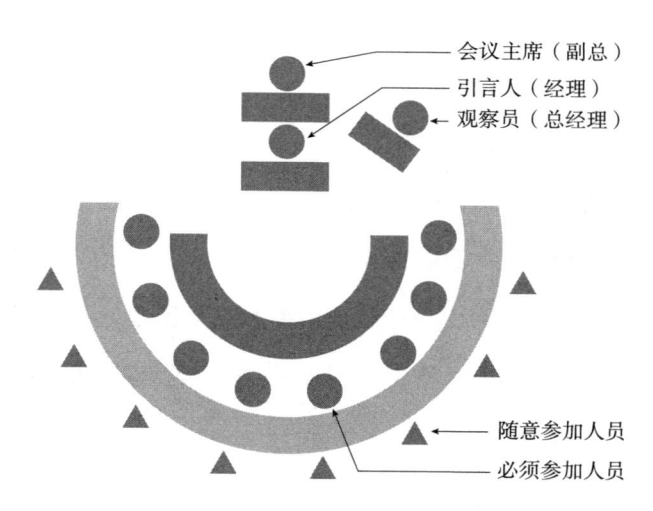

图 2-1　会议室的双 U 字形设计

这个会场设计是双 U 字形的，里层和外层的区别在于：里层就座的是必须参加人员，外层就座的是随意参加人员。必须

沟通

参加人员一定要发言,不能只是坐在那里听;随意参加人员可以只听不讲话,也可以举手发言。随意参加人员到会与否都没有关系,但必须参加人员一定要到会。

引言人是会议中最重要的角色,通常就是经理,由他跟大家交流。

引言人的后面通常是副总,也就是会议主席,他负责维持秩序、控制发言时间。打个比方,如果每个议事流程限时为半小时,那么四个流程就是两小时,一旦某个流程的时间到了,会议主席就应该提示引言人暂停,宣布下一个议程开始。

总经理坐在引言人和会议主席的旁边,是会议的观察员。总经理为什么坐在旁边呢?

第一,他的话不必太多。

第二,他的话不是先讲的。

第三,总经理最重要的事是听大家的意见,给自己的决策找依据,所以要不断地做笔记。在会议议程中,总经理是做总结的,当会议议程在指定的时间完结以后,总经理要做总结发言。

综上所述,失败的公司往往把会议当作一种形式,当作领导发挥权力的地方,当作发表政令的场所,当作一个没有秩序、随便讲话的工具;而成功的公司不会没有目的地开会,开会发言一定有顺序、有节制,开完会一定会有人监督,开会一定会有结果，也一定不是看总经理一个人表演。这中间有很大的区别：一种是会沟通，一种是不会沟通。

4. 成功和失败的公司都打广告

营销学里有一句很有趣的话："全世界的广告有效的通常只有一半。"既然是这样，那为什么大家还打广告呢？因为不知道哪一半有效，大家就都以为广告一打，公司就可以做生意了。其实不然，同样是广告，效果可能会大不一样。

道理很简单：当你开车行驶在高架桥上时，如果车速达到每小时80千米，那么路边广告牌上的字你最多只能读20个（还得是集中精力读，不用心的话，通常就只能瞄8~10个字），所以，在高架桥的广告牌上写太多字是没有意义的。还有，人的眼睛对黄色和黑色特别敏感，广告牌如果是黄底黑字的，那么在一两百米以外可能就会被注意到。

另外，广告只能有一个聚焦点，这个焦点就是产品本身，其他一切都是陪衬，是为宣传产品服务的，千万不能让"绿叶"的风头盖过"红花"。

现在很多人在宣传产品时，都喜欢找名人做代言，这里面不乏成功的例子——使产品更具诱惑力，也起到了锦上添花的效果。但是也有相当一部分广告，产品本身没什么问题，却在

沟通

无意间被美女帅哥、明星大腕的大照片抢了风头，结果喧宾夺主，产品反倒变成次要的了。像这样的广告，看过的人可能只记住了那个明星，至于产品是什么样子、有什么优点，都记不得了。什么原因呢？就是模糊了焦点，本该突出的地方——产品，没有突显出来。试想一下，这样做广告跟不做广告有什么区别呢？

关于广告设计，我想提醒大家两件事情：

第一，设计广告的人有时想加入一些超现实的东西，但其实太抽象、太前卫的广告反而无法引起大众共鸣，它跟市场常常是脱钩的。

第二，广告设计稿送到公司的时候，先给你的客户、员工和几个领导看一看，研究一下这个广告有什么问题，是否会产生预期的效果，再决定是否投放，不要几百万元花出去，才发现这个广告没有什么用处。

> 某通信公司曾做过一个广告：画面上有一对翅膀，翅膀上方有一个光环，背景是一条阴暗的巷子。我问过这家公司的员工，他们大都不能清楚地解释这个广告的含义。我想，普通的用户可能就更不清楚了，因为广告做得太抽象了。

还是这家通信公司的广告：背景是一条宽阔的城市道路，道路两边堵满了车，道路中间是一架正在全力冲刺的战斗机，画面右上方写有"掌中宽带"的字样，左下方是"无线上网卡"。一看就知道在表达一个宽带的概念，下方还有一句醒目的广告语——"速度决定效率——新一代极速网络生活"，正好贴合画面的意思。

看来，广告做得具象一些，会比抽象的效果好得多。

我曾经看到过这样一个广告画面：一对年轻男女坐在一辆高级轿车上，男的在开车，女的坐在他的旁边，脸朝着窗外，看上去两人好像闹了点小矛盾，都显得不太高兴。如果让你猜这是在卖什么，你肯定会猜是卖汽车，其实它不是卖汽车。还好，画面上方有一行字，你看了才会知道：哦，原来是卖某个品牌的名表的。可是在广告画面中我们根本就没有看到表，只注意到了轿车以及两人的表情。

沟通

我举这几个例子就是想告诉大家：失败的公司拍广告很少考虑市场的诉求，也几乎不仔细体会广告的焦点，交代不清楚广告跟产品的关系，所以广告的钱往往就白花了；成功的公司不但注意广告的市场反馈，注意广告要表现的重点、焦点，还会考虑在同样的时间和地点，人的眼睛能不能马上捕捉到产品信息，捕捉后能不能马上记住它。

第二章
改善沟通是企业的当务之急

▪ ▪ ▪ ▪ 不消除三大症结，有效沟通便是空谈

我们与人沟通时，是有方向性的。从公司的角度来讲，沟通有向上、向下、水平三个方向（见图2-2）。

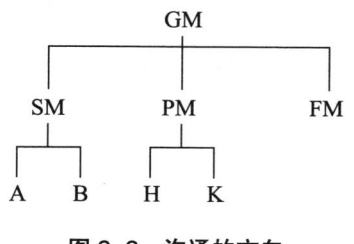

```
            GM
     ┌──────┼──────┐
    SM     PM     FM
   ┌─┴─┐  ┌─┴─┐
   A   B  H   K
```

图 2-2　沟通的方向

图中最上方是GM（General Manager，总经理）；底下有SM（Sales Manager，销售部经理）、PM（Production Manager，生产部经理）、FM（Finance Manager，财务部经理），这三个

经理代表公司组织架构中间那一层；SM 的底下有 A 和 B（张三和李四，代表销售部经理的下属），PM 底下有 H 和 K（王五和赵六，代表生产部经理的下属）。这就是一个最简单的组织架构。在这个组织架构里面，产生了沟通的三个方向，即向上沟通、向下沟通和水平沟通。

我用人体的三个器官作比喻，一一分析这三个沟通方向以及存在的问题，并给出我的沟通建议。

1. 向上沟通没有胆

如图 2-3 所示，A 对 SM 讲话，就叫作向上沟通，泛指下属跟上司的沟通。胆，就是胆量。向上沟通没有胆，是指下属往往畏惧或者回避与上司进行沟通，即使沟通，也常常会因为缺乏胆识和策略而不能使问题得到很好的解决。

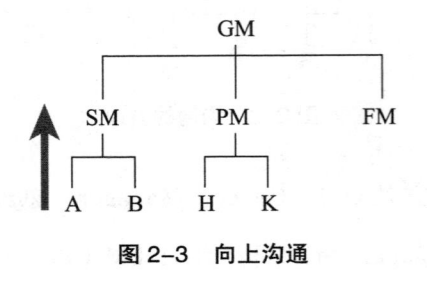

图 2-3 向上沟通

在向上沟通方面，我给大家的建议是：

尽量不要给上司出问答题，而要给他出选择题

我们以张三跟销售部经理的一段对话为例。

张三跟销售部经理说："沈经理，最近有人窜货，这件事情我们应该协调一下。所以你看，我们是不是应该开个会，讨论一下窜货的事情？""嗯，好。"沈经理说完后就走了，从此再也没有音讯，也不知道他是不想谈呢，还是忘记了。其实，张三这样说是不恰当的，他不应该给上司出问答题，而应该出选择题：

"沈经理，这个窜货的问题必须解决，你看我们今天下午开会讨论一下怎么样？"

"今天下午我没有空。"

"沈经理，那么明天上午呢？"

"明天上午我要去拜访一个客户。"

"那明天下午呢？"

"好吧，那就明天下午。"

"沈经理，明天下午几点呢？是2点、3点还是4点？"

"4点太晚，2点早了点儿，就3点吧。"

"好的，沈经理，今天下班的时候我会再提醒你一下，明天下午3点钟，我们大家讨论一下窜货的问题。"

沟通

> 下属应该给上司出选择题，让他来选。

在确定时间这个问题上，下属不能直接让上司给出建议，因为他很忙，没有那么多时间来考虑几点开会，所以，下属应该给上司出选择题，让他来选。否则，这件事可能就不了了之了。

随时随地沟通

跟上司沟通，不一定非要在他的办公室，也不一定非要到会议室。在上司的办公室和会议室与他沟通，效果最差，因为气氛太严肃。很多人爱犯一个毛病，认为坐到会议室开会才叫沟通，这个观念是不正确的。想想看，公司哪能安排那么多时间在会议室开会？所以，我想提醒大家的是：沟通可以在任何一个适合的地点进行。站在经理的桌子旁边跟他讲话叫作沟通，大家在咖啡吧一边喝咖啡一边聊天叫作沟通，大家在院子里一边散步一边讲话叫作沟通，一起出去打高尔夫、中午坐在一起吃盒饭时也可以沟通。

第二章
改善沟通是企业的当务之急

既然沟通无处不在,那么我们该如何做呢?我给大家一个方法:把你要跟上司沟通的话记在笔记本上,将它放在口袋里,随时做好准备,一碰到上司,就打开你的笔记本,主动跟他沟通。

我们董事长很喜欢在下午打高尔夫球,一到中午1点钟他就走了。这时候,我常常跟他去高尔夫球场。我其实不打高尔夫球,我是想抓紧时间与他沟通。从我们公司开车到高尔夫球场要40分钟,所以我通常是跟他上车,然后把我的笔记本打开,那上面写了十几个问题,我会说:"董事长,咱们讨论几个问题吧。上次那个加薪的方案,您已原则上同意,但是,一直没有确定百分比,您看,5%怎么样?"

他说,多了一点点。

"那4.5%呢?"

"好吧,加薪4.5%。"

"董事长,您说我们的车床应该换新的,那么,有日本的、德国的、美国的,根据我的调查,德国的最贵,但是性能最好,美国的最差,但是价格最便宜。您看我们是买一个日本的,还是买一个德国的呢?"

沟通

"就德国的好了。"

"好，德国的。"我说，"董事长，我还有一个问题，我们打算派五个人出国考察，您看，这五个人是我来决定，还是您告诉我名单？"

"好吧，你决定。"

"董事长，名单定了后，要不要告诉您呢？"

"跟我讲一下好了。"

"明天早上，我把名单交给您。"

我一共与他沟通了七件事情，车子到了高尔夫球场门口。我会跟他说："谢谢董事长，您安心打球吧。"我就带着剩余的问题回到公司，等下午下班他从球场回来，再看看能不能"逮"着他解决剩下的问题。

领导很忙，但是，再忙也得下班回家吧。对于有些只要简单回答"Yes"或"No"的问题，你可以采取这种方法：到公司停车场等候领导，请他当场决定。这些只要领导讲一句话就解决的事，有必要非要到领导的办公室里讨论半天，或是一屁股坐在会议室讲上半个钟头吗？

时间、地点，统统要自己想好，而不要等上司下命令。等上司下命令，你的工作永远都不会进步，你永远都不会有晋升的机会。

永远不要只问问题，不准备答案

> 日本航空公司的员工不爱敲领导的门，他们的中层在有事时不愿意轻易去找领导。他们会尽量先自己沟通协调，竭尽全力去解决问题，只有到万不得已的时候才去敲领导的门。为什么会这样呢？因为他们认为，去敲领导的门，就意味着告诉领导自己已经对这件事情无能为力了，只好请教领导。

上司都非常不喜欢自己的下属永远都是带着问题进来，而不准备任何答案。我在当总经理的时候，我的下属每次问我："余总，你看这事情怎么办？"我就很想对他说："那你看怎么办？我没有办法。"如果大家都不积极想办法解决问题，只想依赖别人，这样的公司是不可能取得成功的。

所以，我想给大家的一个忠告是，跟上司沟通，一定要带着方法。这个方法我把它拆分成三句话：

第一句，一个问题该怎么解决，不要只提一个方法，应该至少提两个，因为你不能确定哪个方法最好。

第二句，在几个方法里选一个你自己比较有把握的，告诉上司："我倾向于这个方案。"

沟通

第三句，你要说出每一个方法的优点和缺点以及它们各自可能产生的后果，这样可以提醒上司在决策时应该考虑的因素，尽量避免出现不好的后果。就算将来出现什么问题，我们也可以研究问题出在哪里，落实相关责任，防止互相推诿。

如果你按照我说的这三句话去做，那么上司应该会乐意与你沟通，而你也不会惧怕受到上司的批评。在公司里，你没有资格也不应该每个问题都去问上司该怎么解决，你应该提供意见。况且，你不可能什么方法都没有，如果真的什么方法都想不出来，那上司就该质疑你的工作能力了。

2. 向下沟通没有心

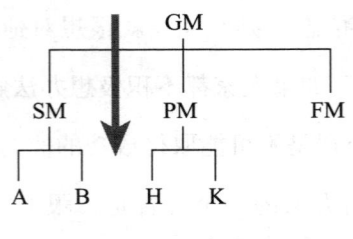

图 2-4　向下沟通

GM 对 SM、PM、FM 讲话，或者 SM 对 A、B，PM 与 H、K 讲话，叫作向下沟通，即上司跟下属沟通。心，就是心思。向下沟通没有费心思，指的是有的管理者不熟悉下属的具体业务或者不愿意放下自己所谓的"高姿态"，而无心主动与下属沟通。

第二章
改善沟通是企业的当务之急

在"经营之圣"松下幸之助的管理实践中，倾听和沟通占有很大比重。他经常询问下属："你对这件事是怎么考虑的？"他还经常到工厂去，一是看看有没有什么问题，二是听听工人们的意见和建议。

通用电气前CEO杰克·韦尔奇也非常重视与下属的沟通，他经常亲自给员工留便条或打电话通知有关事宜。该公司的一位经理曾这样描述韦尔奇："他会追着你满屋子团团转，不断地和你争论，反对你的想法。而你也必须不断地反击，直到说服他同意你的思路为止——这时，他可以确信这件事你一定能成功。"

成功的职业经理人都很重视与下属的沟通，而这恰恰也是他们事业成功的秘诀之一。

但是，"向下沟通没有心"仍然是大多数管理者在沟通时的一个症结。那么，该如何克服呢？我给大家的建议是：

管理者应该是个通才

为什么这么说呢？因为我发现很多管理者之所以向下沟通没有心，原因之一就是他对下属的业务并不了解。我认为总经理应该是个通才，对每个部门都应该了解一点。很多总经理一碰到财务部经理，基本上都是在听话，很少提出意见，因为大部分总经理都不是学财务的，平常很少看财务方面的书，也不去研究财务方面的问题，更不会去请教专家，自然不会发表什么有建设性的意见。那么，一旦公司的资金周转出现问题，他们就会无法参与沟通，更别说根据财务部提供的数据和建议做出决策。

要求下属反思

在做决策或下定论之前，管理者自己应当首先考虑清楚，不能对下属的意见过于依赖。有的时候，管理者即使胸有成竹，也应要求下属反思，看看他的想法和自己的想法是不是不谋而合。出现不如预期的情况之后，在没有了解事实真相以前，管理者也不要随便把下属叫过来呵斥一顿，而应该了解事实真相，找到瓶颈在哪里，让下属学会自己分析，学会冷静地处理和解决问题。

反问下属有没有更好的方法

任何人都不敢说自己的方法是最好的，管理者也不例外。所以，当跟下属询问方法时，管理者也可以提出自己的方法，但一定要反问下属："你有没有更好的方法？"当管理者对下属的话没有想法，也不反问他有没有更好的想法时，管理者的话就变成唯一的答案了。

我们一起看看下面的对话。

> 下属问："总经理，端午节要到了，你看我们这个产品要不要打折？"
>
> 总经理回答："六折把它卖了。"

其实，产品优惠有很多种形式，不只是打折，还有赠送礼品、免费送货、抽奖、赠送积分等。当下属问"这个产品要不要打折"时，这位总经理有没有反问他："为什么一谈到优惠就只想到打折？有比打折更好的方法吗？"如果多反问几句，也许就能发现更好的方法。

总之，管理者永远不要自以为是，不要闭门造车，而要敞开胸怀，多听听下属的意见，也许你会有意想不到的收获。

让下属有尝试的机会

管理者应该尽量给下属尝试的机会，让他们在错误中学习。毕竟每个人都不是一生下来就什么都会的，也并非每个人天生就很聪明，人们通常是在不断犯错的过程中成长和成熟起来的。

所以，下属犯错是公司应该支付的学习成本。但是，一个人不可以一天到晚总是犯错，管理者要记住下属犯了几次错，并及时提醒和提供帮助。

有一次，我们公司一个家具门店的店长对我说："余总，人家说我们这个家具店这么大，但是从来都不做广告，都看不到我们的广告在哪里。"我就问他："你的意思是消费者买家具都要看广告？"他说："大家都打广告嘛。"关于这件事，他已经跟我讲了好几次了。为了不打击他，我决定让他试一下。我说："我这次决定听你的话，不过为了让我们不后悔，我打算这么做，你记住了，广告费我花10000元，但是要分4次，每次2500元，广告费一花出去，我们马上开始测试这个广告有没有效果，如果没有效果，后面的钱就不花了，免得你后悔，我也后悔。怎么样？"他说："好！"

于是，我支出了2500元，马上通知门店做海报，贴在门口。每进来一个顾客，我们马上就问他："您是看广告进来的，还是别人介绍您来的，或是无意当中走进来的，或是出于别的什么原因进来的？"就这样做了个简单调查，结果我猜对了。在一个月中，看到广告进来的，10个里面只有1个；自己临时进来的，10个里面有4个；别人介绍进来的，10个里面有3个；剩下的就是别的原因了。也就是说，只有10%的顾客是看广告进来的。

我还发现一件事情：看广告进来的人，不见得会买家具，进店的10个人里面往往只有5个人买。后来我又发现：那5个顾客买的家具都不太贵，都是一些很普通的家具，我们公司最好的家具他们一样也没有买。

我把这个统计结果告诉了那名店长，然后我说："要不我们再试一次，取样尽量平均。"第二次试验的结果跟第一次差不多。这一次，店长对我说："余总，后面两个预算不要拨了。"于是，后面的5000元广告费省下了。

我虽然知道广告的效果并不明显，但还是给了店长机会，让他亲自去尝试，并验证结果的正确性，就是要让他从根源上认同广告的无效性，让他知道适用于别人的东西不一定适用于自己。有时候，管理者可以特意让下属去试试，让他亲自去验证一下自己的想法是否正确，一旦这个想法行不通，他也可以从中吸取经验教训，在错误中不断地学习、提高。相反，如果你不让他尝试，或者对他的错误不加以原谅，就相当于剥夺了他学习的机会，他也很难对你心服口服。

给下属恰当的指导

很多管理者是从基层做起的，因此具有丰富的基层工作经验和解决问题的技巧，甚至可以说是某一方面的专家。当下属陷入困境，而且实在不知道如何解决的时候，管理者也须"该出手时就出手"，及时地给予指导和帮助。

我们来看看一个业务员出身的副总是如何教育和指导业务员小杜做好销售工作的。

小杜："魏总，昨天那位林董事长还是没有买咱们的汽车。"

魏总："小杜，以后你汇报工作时不要跟我说林老板又没有买车，这样下去你很难有进步。我希望你下次能跟我说，你这一次又比上一次有哪些进步了！"

小杜："可是我真的不知道该怎么做。"

魏总："小杜，要让对方买一辆车子，应该把销售过程分成几个阶段。

"第一步，要想方设法让林老板看到你，意识到你

第二章
改善沟通是企业的当务之急

的存在。很简单，比如说下班的时候站在他的车子旁边直到他看见你。

"第二步，你无论如何要请林老板喝一杯咖啡。必要的话，你自己带着两包咖啡去当场泡，一杯给他，一杯给你自己。

"第三步，你一定要让林老板知道，咱们公司卖哪些车，排量分别是多少，不同的车各有什么优点。

"第四步，想办法了解林老板对车子的所有偏好。你要想办法让他亲口告诉你，他喜欢欧洲车、美国车、日本车还是国产车，喜欢黄色、白色、绿色、红色还是黑色，喜欢四门还是五门掀背……总要有一个说法。

"第五步，确认林老板要不要签约。

"第六步，如果林老板不签约，探求其中可能的原因。如果我们打听出来的结果是，他太太叫他不要买，而林老板又不好意思讲，那我们就可以搞一个假订单给他。

"什么是假订单呢？就是所有的手续统统做完了，我们的字都签了，章都盖了，只等林老板签个字盖个章就立刻生效，而且你要告诉他，只要他不签字，这张订单就形同废纸。可是从心理学角度分析，林老板

沟通

只要把这张假订单带回家放到他的抽屉里，就肯定会常常拿出来看。营业大厅里那部他喜欢的车子，我们就故意不卖，摆在那里，同时上面贴上标明林老板已经订购了的红纸，他很可能时常从我们的大厅门口路过，顺便来看看那部车子。给予他这种心理上的暗示和压力，最后他大概率会买下我们的车子。"

3. 水平沟通没有肺

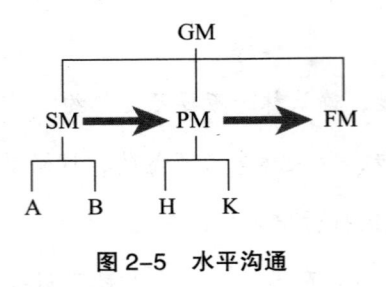

图 2-5　水平沟通

SM、PM 和 FM 之间，或者 A、B、H、K 之间讲话就叫作水平沟通，即同等级别的员工之间的沟通。肺，就是肺腑。水平沟通没有肺，就是指同等级别的员工相互沟通时通常不够真诚，很少有"肺腑之言"，也缺乏积极的配合与协作意识。

小王与同级同事的关系非常紧张，他为此感到很苦恼。他向朋友诉说心中的苦闷，朋友给他讲了一个"让地三尺"的故事。

古时候，一个大官的家人准备修一座后花园，想要在后花园外修一条三尺小巷，可邻居说那是自己的地盘，执意反对修巷。于是，这家人寄了一纸家书给在京城的大官，把情况告诉了他。大官回了封信，家人看后放弃了原计划。他的邻居很好奇，执意要看大官的回信。信上是一首诗：

千里家书只为墙，

让他三尺又何妨？

万里长城今犹在，

不见当年秦始皇。

邻居深受感动，主动让地三尺，最后三尺之巷扩展为六尺之巷。

小王听完故事后很受启发。现在，他跟同事们相处十分融洽，配合也非常默契，工作效率大大提高了。

看来，人与人之间沟通，最宝贵的就是真诚和积极的配合。

那么，为了避免水平沟通没有肺，我们应该具体做些什么呢？

先帮助别人

"欲人施于己者，必先施于人。"在没有帮助别人以前，我们是没有资格请求别人帮助的。如果你平常不太帮助别人，那么当你出了事求别人帮忙时，就会很难。在公司里，一个项目往往需要几个部门协作完成，如果你得不到别的部门支援，我想问你："你平常支援过别人吗？"在这里，我给你一个建议：可以找个小本子，把你曾经帮助过别人的事情写在本子上。我不是叫你一直记着自己对别人有什么恩惠，而是叫你反省自己——以前有没有帮助过别人。

> 我们公司财务部经理喜欢打高尔夫球。有一次，我在马来西亚出差，看到一个很漂亮的高尔夫球纪念品，就买回来送给他，他非常高兴。又有一次，我在街上看书，发现了最新出版的税务方面的书籍，我立即买了一套给他，他也很高兴。

第二章
改善沟通是企业的当务之急

有一次，供应商向我反映公司的支付支票开得太慢了，并且说如果再这样下去的话，就不给我们供货了，于是我向财务部经理寻求帮助。我对他说："供应商说找我们开支票要四个月，太久了。尽管我们公司的钢铁厂很牛，但是你知道，铁矿石如果不好的话，再好的技术、设备都做不出合金钢和高碳钢。如果我们不缩短开支票的时间，人家就把好的铁矿石卖给别人了。可不可以这样，最少减掉一个月，我们用三个月开票？"他讲了一句很漂亮的话："只要董事长没有意见，我也没有意见。"我说："太好了，苏经理。我刚从董事长那边过来，已经跟他说过了，他说你没有意见他也没有意见。现在你们两个既然都没有意见，那就这么办了。"这件事情就办妥了。

也许有人会说，哪有那么多时间去帮助别人呢？其实，只要你留一份心，帮助别人的时间和机会还是很多的。很多人会有这样一个观念：别人应该帮助自己，而自己不见得要帮助别人。其实这个社会不是这样的，大家应该是双向的、互惠的关系，礼尚往来、知恩图报从来都是我们应遵从的做事准则。

沟通

要站在对方的立场上

要想让别人帮你解决问题,你就要先体谅别人的难处,先帮别人解决问题。如果你没有先帮对方解决问题,他就很可能会拒绝你的要求。

以前做业务部经理时,有一次我拿到一个订单,就跟厂长说:"我刚刚升业务部经理,抢到一个小单,很不容易呀,您看插个单怎么样?"所谓插单,就是指打破原有生产计划的序列,将后接到的订单列入生产计划当中,优先安排生产。

他的回答很简单:"小余啊,你知道的,公司最近很忙,大家都在加班。你也插,他也插,哪有那么多设备和工时可以这样子插单呀。"

我料定他会讲这句话,就立刻回话说:"厂长,我把你的生产计划表大概看了一下,下个星期二、星期三、星期四各有两个小时的空当,我这个小单四个小时就做出来了,那你可不可以在星期二、星期三或者是星期三、星期四各拨两个小时给我?"

他有些迟疑了。

我说:"厂长,我底下也有几个人,要不要我叫两

第二章
改善沟通是企业的当务之急

三个兄弟过来帮忙？"

他终于答应了，说："行，下个星期哪一天拨时间我来定，到时候也麻烦你的人来搭把手，我这儿人手确实紧张。"

"好的。"我回答道。

那个单就插进去了。

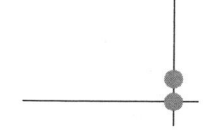

我要是没有看过他的生产计划表，不理解厂长的难处，没有提出叫人来帮忙，能把单子插进去吗？所以，一定要先替别人解决问题，再说出自己的想法。否则，你只会遭遇被拒绝的尴尬情景：

"厂长，这单子不容易啊！好不容易抢到的，插一下吧。"

"小余啊，你是第六个讲这句话的人，我们太忙了。"

"厂长，你要是不在乎，我也不在乎。既然公司不想要订单，我在乎什么呀！"

你一走，他肯定会说："你有什么资格跟我讲这句话，我就不给你插。"

> 只是从自己的角度考虑问题，而没有站在对方的立场上替他着想，任何问题都不会顺利解决。

看来，只是从自己的角度考虑问题，而没有站在对方的立场上替他着想，任何问题都不会顺利解决。

要有双赢精神

"双赢"，就是大家都赢，彼此都有好处。如果一件事情能达到双赢的效果，那么对方会更容易接受。

打个比方，你拿出一个方案跟别人说："哎，老谢啊，这件事情这样做对你有好处。""对我有好处？难道对你就没有好处吗？"这样说话，对方会认为你很虚伪，不够真诚，自然也不会信任你。相反，如果你说："老谢，这件事怎么看对我都有好处。"对方会想："光对你有好处，还好意思说，那我跟你合作又有什么意义呢？"所以，这些说法都不合适。假如你换个说法："老谢，这对我们两个都有好处，是一件双赢的事情。"这时候，对方就会有兴趣听你分析这件事情如何能双赢。

第二章
改善沟通是企业的当务之急

所以，我给大家的建议是：充分权衡事情的利弊，把你和对方的利益都评估一下，只要能证明是双赢的，这件事情就好办。

晋文公和秦穆公将要出兵围攻郑国，郑国国君派大臣烛之武去说服秦王退兵。

当天夜晚，烛之武见到秦王，对秦王说："秦、晋两国围攻郑国，郑国迟早要灭亡。如果灭掉郑国对您有好处，那么我怎敢再拿这件事来麻烦您呢。越过晋国把边远的郑国作为秦国的边邑，您知道这是有困难的，而且您怎么会情愿任由郑国灭亡而使邻邦晋国的领土增加呢？邻国的国土面积增大了，国力雄厚了，秦国的国力就会相对削弱。假如放弃灭郑的打算，那么，秦国使者途经郑国，郑国可以随时供给他们所缺乏的东西，对秦国来说也没有什么坏处。而且您曾经对晋文公有恩，他也曾答应把焦、瑕二邑割让给您，然而，他却暗地里筑起防御工事。郑国一旦被灭，将成为晋国东部的边邑，而晋国肯定又会想扩张西部的边邑。所以，晋国迟早会损害到秦国的利益，秦国受损，晋国就会受益，希望您仔细想一想！"

沟通

秦王听后如梦初醒，对烛之武的建议深表赞同，就与郑国签订了和约，率军回国。

从这则故事里我们可以看出：要说服对方接受自己的提议，不仅要考虑自身的利益，还要站在对方的立场上告诉他，如果接受提议，他会得到怎样的好处。如果烛之武只是乞求秦王放郑国一马，而没有顾及秦国的利益，那么他说得再动情、再可怜，恐怕秦王也不会理会他。

> 要说服对方接受自己的提议，不仅要考虑自身的利益，还要站在对方的立场上告诉他，如果接受提议，他会得到怎样的好处。

本章小结

- 绝大多数的公司都有总经理，都配电脑，都开会，都打广告，为什么有的公司能成功，而有的公司却失败了呢？很重要的一个原因是会不会沟通。

- 为了使会议有效果，企业应在会前就下发资料，事先安排好发言人，保证开会主题集中，掌握好开会时间，并做好总结。

- 开会是为了沟通，因此会议应该是双向的：既有传达，又有反馈；上面的人要讲，底下的人也要讲。而双U字形会场设计，恰恰能达到这一目的。

- 沟通是有方向性的，企业内部的沟通可分为向上沟通、向下沟通和水平沟通三类。

- 企业中普遍存在着向上沟通没有胆、向下沟通没有心、水平沟通没有肺三大问题。不解决好这三大问题，企业便无法实现有效沟通。

第三章
沟通为什么这么难

在沟通的过程中会有很多障碍,使得沟通变得艰难。从障碍产生的主体来看,沟通的障碍大体分为两大类型,分别是个人之间的沟通障碍(即个人障碍)和公司内部的沟通障碍(即组织障碍)。

第三章
沟通为什么这么难

▪ ▪ ▪ ▪ 个人之间的沟通障碍

沟通的个人障碍有六种,即职位的差异、专业背景的不同、信息的可信度、认知的偏误、过去的经验和情绪的影响。

1. 职位的差异让员工不敢跟领导沟通

职位低的人和职位高的人在沟通时总是比较困难的。很多老板经常会说:"怎么搞的?那个小严,我每次跟他讲话,他都不太愿意跟我讲。"

职位低的人在和职位高的人沟通时,通常比较胆怯、比较犹豫,他们总是尽量不主动接近职位高的人。这是职位的差异造成的。

既然存在这样的障碍,那么,我们有什么好方法去克服呢?在这里,我给大家提供两个方法。

方法一,总经理或总裁应该有两张办公桌,一张摆在自己的办公室里面,另一张摆在外面,而且一天当中,总经理或总裁至少应有两个小时是坐在外面的。英特尔公司的总裁就有两张办公桌,一张在办公室里面,一张在外面。我自己也有两张办公桌,当然我不是学他,我以前也是这么做的。因为根据我的经验,坐在外面,员工就会更容易接近我;坐在里面,就不会有多少人愿意进来找我,这样会人为地造成空间上的隔阂。

方法二,身为管理者,你应该经常主动走到下属中间去,而不是让他们到你的办公室来。你尽量不要动不动就打电话说:"小林,进来一下。""老杜,进来一下。""老冯,我跟你说几句话……"干吗总让他们进来呢?难道你不能出去吗?如果你不是特别忙,就出去看看他们,走到他们中间问问他们的工作情况。

> 比尔·盖茨不太喜欢坐在办公室里叫员工进来,总是走到员工那儿去。他每天拿一支笔、一个3M报事贴,走到哪儿写到哪儿。比尔·盖茨说:"我来找你们,你们不要来找我。"

2. 专业背景的不同容易造成曲解

有专业背景的人，讲话难免带有专业术语。在这里，我给你一个建议：跟别人讲话的时候尽量少讲专业术语。除非你跟对方是同行，大家都是专家，否则对方就有可能不懂你的意思，有的人还会因为怕丢面子而不懂装懂，以致曲解你的真实意图。

下面我以几条不同行业的专业术语为例进行说明。

第一，打 I.V.。

医生有时会跟护士说："给这位老先生打 I.V.。"老先生心里可能就会犯嘀咕："I.V. 是什么东西呀？"其实，I.V. 就是"静脉注射"的意思，也就是我们平常讲的"打点滴"或"输液"。在港台地区，医生讲起这个术语就像吃家常便饭一样，可病人听到这句话就会觉得很陌生，有的病人甚至会因此产生心理压力和不必要的恐慌。

第二，对抗善意的第三人。

律师："罗先生，你这个合约不能对抗善意的第三人。""对抗善意的第三人"是个法律术语，是指双方在签约的时候，对其他不知情的第三者来讲，合约是不具备法律效力的。

第三，ST 股/除权股。

券商会说："哎呀，你怎么买 ST 股呢？"我问过很多人什么叫作 ST 股，可以说没有几个人讲得很清楚，除非是对股票很熟悉的人。ST 的英文全称是 Special Treatment，翻译为"特别处理"，ST 股就是指"财务状况或其他状况出现异常"的上市公司的股票。

再举个例子："哎呀，你应该买这个除权股。"讲话的人自己大概不觉得这是专业术语，随口就说出来了，可是对方也许不太懂。除权股就是这只股票的红利和股息已经扣除过了，通常有较大的上涨空间。

第四，call margin。

期货的标的有干碱、红豆、石油、黄金等，魏太太融资买了红豆期货。可是她买的期货一直跌价，期货公司就打电话来："魏太太，不好意思啊，晚上 10 点钟打电话来 call margin。" call margin 意思就是把超出底线的不足额补足，如果不补，期货公司就会把魏太太的红豆期货卖掉，扣除他们自己的钱，剩下的再给魏太太。

第五，RC 构造。

RC 构造是建筑学术语，英文全称是 Reinforced Concrete，也就是我们常说的钢筋混凝土构造。"你的房子是不是 RC？"这种话就太专业了，除非是搞建筑的，否则一般人都听不懂。

除了以上提到的几个专业术语，还有一种就是中英文夹杂的表达，如果把句子中的英文翻译成中文，对方是很好理解的，但如果混用在一起直接表达出来,就会让对方一头雾水,导致交流出现障碍。

> 有个顾客去问航空公司柜台的工作人员说:"这班飞机还有座位吗?"那个工作人员就对他说:"你订过吗?""没有,我临时赶这一班。"工作人员说:"先生,你应该 reserve a space,就是临时 no show 不来也没有关系,顶多 cancel 你的 booking。今天是 weekend,看样子你只有 stand by,有没有 chance 就不知道了。"

想想看,如果你是那个顾客,不太懂英文,你听到这些话会不会很难受?你会不会想:为什么要这么说话呢?你就不能用中文好好讲吗?

所以,我想给各行各业的朋友一个

> 讲到你那行的专业知识时,尽量浅显一点,碰到专有名词时也要尽量解释给对方听,这一方面能拉近彼此之间的距离,另一方面也利于对方理解。

忠告：讲到你那行的专业知识时，尽量浅显一点，碰到专有名词时也要尽量解释给对方听，这一方面能拉近彼此之间的距离，另一方面也利于对方理解。

3. 虚假消息会蒙蔽人眼

2007年10月，某省林业厅公布了一组由猎人周某提供的野生华南虎照片，并正式对外宣布：消失了43年的野生华南虎在秦岭地区被发现。这一消息立即引起了人们的极大关注：一方面是因为据专家考证，我国的野生华南虎很早以前就已经灭绝；另一方面，许多专家和网友对这组照片的真实性表示怀疑，声称照片有假。对此，周某以及部分领导坚决予以否认，周某甚至以自己的脑袋作担保。结果，"挺虎派"与"打虎派"各执一词，互不相让，争辩日趋白热化。

此后，一位网友爆料：照片上的老虎和自家年画上的老虎一模一样；一位彩印公司的老总也指出该年画是他们印制的，时间是2002年。一时间，越来越多的网友找到了相同的华南虎年画。经过有关部门的调查取证，事件终于水落石出，华南虎照片由老虎年画伪造而成。最后，周某被批准逮捕，部分地方领导被严肃处理。

这个案例提醒大家：如果没有百分百的把握，就不要随便发布消息，免得造成误导。尤其是公司领导，对未经核实的消息一定要持谨慎态度，必须确保消息是真实的，否则，就会失去公信力。长此以往，你发布的任何消息可能都没有多少人相信了。这就是由于消息缺乏可信度造成的沟通障碍，其后果会很严重。

周幽王很宠爱自己的妃子褒姒，总是变着法子逗褒姒开心，可是褒姒自入宫以来，总是闷闷不乐，从来没有开心地笑过，为此周幽王很苦恼。这时，一个名叫虢石父的臣子给周幽王献了一计，他说："从前为了防备犬戎侵犯我们，在骊山一带建造了二十多座烽火台。一旦敌人打进来，就点起一连串的烽火，让邻近的诸侯看见，他们就会出兵来救。此时天下太平，烽火台已经很长时间没用了，不如把烽火点着，让诸侯们上个当。娘娘见了这些兵马一会儿跑过来，一会儿跑回去，肯定会笑的。"

周幽王听后，连声称好，立即移驾骊山之上，派人点起烽火。邻近的诸侯看到警报，纷纷前来支援，却没发现一个敌人，只听到奏乐和唱歌的声音，大伙儿都愣了。诸侯们知道自己上当了，憋着一肚子火带兵离开了。褒姒看到此种情景，不禁笑了起来。之后周幽王又数次这样戏弄诸侯。

隔了没多久，犬戎真的打到镐京来了，周幽王慌了神，立即点起烽火，一时间，狼烟滚滚。而诸侯们不愿意再理会，没有出一兵一卒。最后犬戎军队攻破镐京，将周幽王和虢石父杀了，褒姒也被掳走，西周灭亡。

消息的可信度的确非常重要，一个虚假的消息甚至会引来灭顶之灾。为了避免因此造成不必要的损失，我建议：

第一，消息如果不是自己验证过的，就告诉员工你是从哪里得到这个消息的。

第二，最好讲清楚消息的真实概率有多大。电视上的天气预报都讲概率："各位观众大家好，明天青岛晴转多云偶有阵雨，降水概率为20%。"这表示明天在青岛出门不带伞也不会有太大的问题，因为下雨的概率只有20%。

第三,一旦发现有更准确的消息,要马上进行更正。我们经常只给客户第一次信息,后续的信息就再也不给了,这种做法是不对的。

4.偏见会让人戴上有色眼镜

人总是有一些认知上的偏误,久而久之就会形成偏见,理所当然地认为"其他人如此,对方也如此"。比如,有些公司领导会认为,招聘员工最好是招没有结过婚的人。可是我想问一句:"你怎么就认为没有结过婚的人能够静下心来投入工作呢?"其实,没有结过婚的人可能会更浮躁,毕竟他还没有最终确定人生中的另一半,他的"大后方"并不稳固;相反,结了婚的人,家庭基本定型,反倒会踏踏实实地工作。

我还常常听人说:同样一份工作,男性会比女性做得好。这也是一种认知上的偏误,凭什么就认为男性的办事能力比女性强?在某些事情上,女性反倒比男性做得好。举个例子,女性在理财方面通常比男性做得好,这是因为女性会比较谨慎,比较心细。另外,在人力资源和行政部门,通常也是女性居多。有人说 21 世纪是女性的世纪,我们且不说这句话讲得对不对,但是它至少说明了一个问题:男性不见得比女性聪明,女性在某些方面比男性更优秀。

在现实生活中，很多人都会有认识上的偏误，对某人或某事存有这样或那样的偏见，会不自觉地给自己戴上有色眼镜，这无疑会影响他们与他人的顺利沟通。

5. 经验主义害死人

年纪大的人常常会说："我是过来人了，这是我的经验。"要么就说："不听老人言，吃亏在眼前。"我也是上了岁数的人，但我常常会提醒自己：跟别人沟通的时候尽量不要讲"这是我的经验"，或者"我以前就是这么做的"。如果你总是强调"这是我的想法，我过去就是这么做的"，就会在你和别人之间形成沟通障碍，这种倚老卖老的谈话方式和经验主义的做派也许会令对方感到反感甚至产生抵触情绪。

为什么这样说呢？因为你经历的那个时代毕竟已经是过去时了，经历的事

> 跟别人沟通的时候尽量不要讲"这是我的经验"，或者"我以前就是这么做的"。

情也是那个时候的事情,而现在这个时代与过去相比已经发生了翻天覆地的变化。你那个时代只要加薪,员工就愿意上班,现在这个时代员工不但要看薪水,还要看领导的人格魅力;你那个时代公司每天有班车接送,就已经很不错了,现在这个时代强调的是公司有没有新鲜空气,有没有音乐,有没有给员工创造一个好的工作和生活空间;你那个时代认为服从是一种美德,现在这个时代认为双向沟通是公司应该的做法……过去和现在已经大不一样了,怎么还能拿过去的思维方式来解决现在的问题呢?

有句话叫作"成功不可以复制",就是说别人通过某种方法成功了,如果你照搬这种方法,未必会成功——你可以参考别人的经验和做法,但是你不能生搬硬套。

某商场通过打折促销获得了很好的销售业绩,别的商场看到这种情形,也积极跟进,纷纷打折,可是并未取得一样的业绩。为什么呢?因为每个商场都有自己的具体情况,别人的经验未必适合自己。

再有就是,我们组织公司高层管理人员出国考察,学习国外先进的管理经验,但是这并不能说明,我们可以直接移植国外的这些经验。因为这些经验被带回国内后,往往会"水土不服",会不适合国内的文化土壤和民族文化心理,照搬这些经验不见得会成功,有时可能还会适得其反。

所以，经验只能用来参考。如果一个人动不动就讲自己的经验，很容易犯一个毛病，就是"我的话就是对的"，这其实就是前面提到的"自大"——一种很不好的沟通心态。

6. 情绪会影响人的判断力

人都有情绪。在你情绪不好的时候，尽量不要做决策。因为人在冲动时，往往会失去最起码的判断力，一旦做出了错误的决策并付诸行动，再想修改可就来不及了，不是有句话叫作"冲动是魔鬼"嘛。

在这里，我给大家一个建议：情绪不好的时候让自己稍微缓一缓，出去喝杯咖啡，或者到公园去散散步，即使眼下有重要的事情也暂时不要去做。

> 唐太宗每次在魏徵讲完话后都要出去散步。魏徵是谏议大夫。唐太宗有什么不对，魏徵都可以当面提意见。结果魏徵每次讲真话都毫不顾及皇帝的脸面，唐太宗听了自然很不舒服，但他还是容忍了。为了排解苦闷，他就出去散步，久而久之，形成了习惯。
>
> 有人问唐太宗，为什么每次魏徵讲完话他都出去

第三章
沟通为什么这么难

> 散步，唐太宗的回答是："我怕我杀了他。"其实，唐太宗要杀魏徵是非常容易的事情，但是他控制了自己的情绪。

唐太宗贵为皇帝，却能很好地控制自己的情绪。试想，如果唐太宗一发火把魏徵杀了，结果可能会不堪设想。

所以，人在情绪不好的时候不要做决策。公司领导不要一发火就随便开除员工，也不要做一些让员工不能接受的事，因为你可能会后悔。沟通的目的是解决问题，如果你在情绪冲动时做了决策，问题不但得不到解决，可能还会被你弄得更糟。

> 沟通的目的是解决问题，如果你在情绪冲动时做了决策，问题不但得不到解决，可能还会被你弄得更糟。

沟通

■ ■ ■ ■ **公司内部的沟通障碍**

公司内部的沟通障碍又叫组织障碍，是指与公司相关的沟通障碍。公司的组织结构和文化氛围等，都会对公司内部的沟通效果产生直接影响。

沟通的组织障碍包括信息泛滥、时间压力、组织氛围、信息过滤以及缺乏反馈。

1. 信息泛滥致使有用信息被无视

自从可以上网搜索信息以来，我发现公司里每个主管的桌上都是一大堆资料。其实，根据研究，每100页的资料中真正有帮助的只有10页。这说明信息已经泛滥了，绝大多数都是垃圾信息。这些垃圾信息极容易耽误和干扰我们的正常工作，因为它会把少数的有用信息"吞没"，从而造成无法挽回的损失。

为了避免由信息泛滥导致的恶果，我给大家提两个建议。

对所有信息进行整理

在给公司领导看信息的时候，应该事先对信息进行筛选和删减，对信息进行整理。

我以会计报表为例来说明这个问题。会计打出来的报表跟董事长看的如果是一样的，这个会计一定是偷懒了。为什么这么说呢？我自己是学财务的，我提醒大家：如果会计打出来的是50张会计报表，送给会计主任看的应该是40张，会计主任拿给经理看的应该就是30张，经理拿给总经理看的是20张，如果需要再给董事长看，就只拿10张。董事长看到的报表应该是精华中的精华，如果他真的要看全部报表，就会对会计说："小黄，你把那50张会计报表都拿过来给我看一下。"但是董事长一般没有时间看这么多，如果公司有10个部门，每个部门有50张报表，那就是500张报表，他是怎么看都看不过来的。

所以，给领导看信息，应该选最重要的信息上报。

对信息进行颜色管理

信息一旦泛滥，很多人就不知道应该先看哪个，后看哪个，所以，应该对信息进行颜色管理。比方说，红卷宗就是当天一定要看的，绿卷宗是两天之内一定要批的，蓝卷宗是三天之内一定要处理的，其他的归为黄卷宗……这样的话，总经理看到桌上堆了一堆要处理的卷宗，他就会先抽红的看，第二天上班再看绿的，第三天上班时再把蓝的翻一下。

相反，如果没有对信息进行颜色管理，总经理一看到桌上堆了一堆资料，"哎呀，那么多，那就从上往下看吧"。结果呢？最重要的那个信息可能是最底下的那一份，总经理三天以后才看到，就晚了。

2. 时间压力容易让企业总爱抓大放小

管理学中有一个英文名词 triviality，中文翻译成"芝麻绿豆原理"，说的是生活当中一个很有趣的现象：但凡重要的事情，人们两三天就能做出决定，而那些鸡毛蒜皮的小事，却往往搞一两个月都定不下来。为什么会这样呢？原因是在处理重要的事情时，人们通常会有时间上的压力，不得不仓促决定，有时就会做出错误的决策；相反，事情不重要，人们就不会感到紧张，于是天天拖延。

因此，公司领导们一定要在日常事务中尽量避免这种沟通障碍。

3. 沉闷的组织氛围会阻碍沟通

上司喜不喜欢跟下属沟通，喜不喜欢听别人提意见，是非常容易辨别的。开会的时候你只要说："总经理，对这件事情我有几点看法。"如果总经理听到这话后，脸色不太好看，或者显得很不耐烦，那么，这个总经理肯定是不太喜欢跟下属沟通的。这种情况下，下属就会噤若寒蝉，什么话都不对总经理讲。

其实，在很多公司里，员工之所以都不太爱在会上发言，主要是由管理者的喜好造成的。相反，管理者如果很喜欢大家发言，他就会听到很多不同的意见，而这些意见里很多都是有益的、值得借鉴的，这会给管理者本人以及公司的发展带来莫大的好处。

如何改变这种沉闷的组织氛围，使管理者能够听到有用的意见并虚心接受呢？总的来说，就是要开启组织中沟通的绿灯，具体建议如下：

开会的时候尽量不要显露坏情绪

有的管理者不好意思说自己心情不好，但他把手中的茶杯"哐当"一声往桌上一放，员工就会吓一跳，知道上司情绪不好了。这时，员工即使有再好的建议，也只能咽到肚子里了。所以，在开会的时候，管理者就算再不高兴，也不要有任何过激的行为。

沟通

开会的时候不要马上打断员工的话或批评员工

当员工提意见的时候，管理者不要说"这事你不知道"或者是"不对，不对，你这话没道理"，这种话讲上一两次，就没有一个人敢讲话了。所以，开会的时候，管理者不要批评，不要打断，让员工把话说完，你再表明自己的态度。

所有管理者都要虚心听取意见

听取意见不单是总经理一人的事，总经理还应该告诫副总经理、部门经理等所有管理人员：员工在提意见的时候，管理者不要情绪化，也不要批评和打断对方，而要把意见统统整理好以后，再说出自己的想法。只有这样，整个公司才能形成统一的、上下畅通无阻的、良好的沟通氛围。

> 员工在提意见的时候，管理者不要情绪化，也不要批评和打断对方，而要把意见统统整理好以后，再说出自己的想法。

对员工的意见及时做出反馈

员工的意见如果是正确的，对公司

有帮助的，管理者就要及时鼓励他们。比如，你可以说："小冯啊，上次你的话讲得很有道理，那件事情我们已经解决了。"员工听后会很高兴，因为他的意见不但得到了公司的认可，还真正起到了作用，他的工作积极性就被调动起来了，下次他有什么别的好点子就会乐意讲出来。但是，万一员工讲错了呢？我们事后也要告诉他："经过公司的调查，事情不是这样的。"或者说："经过公司的研究，这件事情其实不可行。""根据公司的分析，这样做有很大的副作用。"你要让他知道你的意见，如果你只是一味地说"不"，员工会以为你不高兴，下次自然就不愿意多说话了——反正讲了建议公司也不会采纳，还让上司不高兴，何必呢？

总之，作为管理者，你要让员工感觉到公司就是一个和睦的大家庭，跟你提意见时他不用害怕，不用担心，你不是一个不愿意听取意见的人。这样做能让你听到很多非常好的意见。

纽柯钢铁公司的业绩一度非常糟糕。就在公司濒临破产的时候，横梁分公司的总经理肯·艾弗森临危受命。

艾弗森召开了多次总经理会议，因为他必须通过会议了解公司的全部情况和员工们的真实想法，也必须通过会议统一大家的思想。显然,"绅士的交流"并不能达到这一目的,他知道自己必须营造一种活跃的对话氛围。当时参加会议的经理们回忆道:"会场乱糟糟的,我们一连数小时在讨论问题,直到事情有了眉目……"有时候,为了讨论一个问题,大家叫喊着,在桌子旁边挥舞着手臂,脸涨得通红。这样的情形持续了好几年。

就是通过这样一次次的争论与激辩,纽柯钢铁公司先是卖掉了原子能业务部,然后决定重点经营钢筋横梁。后来,纽柯钢铁公司开始自己炼钢,再后来又投资了两家矿井。

30年后,纽柯钢铁公司排名世界著名钢铁公司前列。

4. 信息过滤使企业上下不能互通

信息传导存在过滤的现象,在公司内部,当上情不能下达、下情不能上传时,信息就在中间被过滤掉了。

从图3-1可以看出,董事会决议在董事长那里是100%,

第三章
沟通为什么这么难

到总经理那里就是63%，到部门主管那里是56%，到工厂经理那里是40%，最后到车间主任那里就仅剩下30%：信息就这样一层层地被过滤掉了。

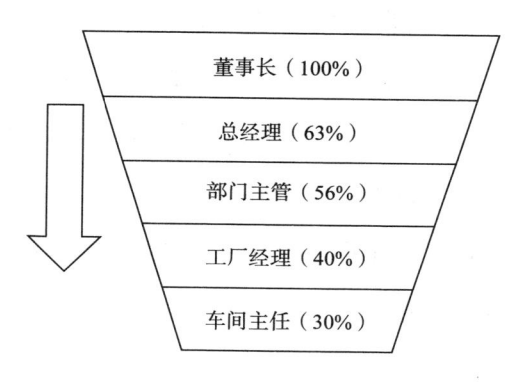

图3-1　董事会决议知晓情况

一个完整的信息为什么会被过滤掉一大半呢？我认为有以下两个原因：

第一，有资讯、有信息就代表有权力。拥有资讯的人通常会有这样的心理：因为只有我知道，所以我就故意把信息过滤掉，你不需要知道那么多。我把信息抓在手里，也就等于把权力抓在手里。掌握信息的人有时会本能地维护自己的权力。

第二，有很多人认为没有必要把自己知道的全部讲出来或者讲明白，于是就偷懒，讲得不太详细。企业内部自上而下一层层地偷懒，信息就被过滤了。

既然搞清楚原因了，那么我们该怎么做才能改善这种状况呢？在这里，我提一个建议——董事长应该到基层去，问问车间主任："小姜，前天公司有个决议，你应该知道了，你了解多少？"如果他讲得不完整，董事长就把他的经理叫过来："左经理，小姜跟我说他了解的公司决议是这样的，你跟他讲清楚了吗？"如果工厂经理没讲完整，董事长再把部门主管叫过来，跟他再核对，直至问到总经理那里。董事长要跟总经理讲："老李啊，今天我问下面的员工，他们对公司的决议说得都不完整，那天开会我跟你怎么讲的？你不是坐在我的旁边吗？我现在重讲一遍，我明天再去问一下，如果小姜讲的还是跟今天一样，我唯你是问。""好的。"这时，总经理往往会把笔记本拿出来说："董事长，您重讲一遍，我用心地听。"董事长讲完后，可以让总经理把记下来的东西先讲一遍，看看他讲得是否完整。

事实证明：信息从上往下传递的过程中会被过滤掉很多。同样地，从下向上传递的信息也会被过滤掉很多。

图3-2显示，车间主任讲了100%，工厂经理就只讲了63%，部门主管讲了56%，总经理只讲40%，最后，传到董事长那里就只剩下30%了。

这个过程表明，大家把信息看成了危机，这时候，往往没有人敢讲真话。比方说，某个业务员丢掉了一个很大的客户，这对他来讲是一件不得了的事，业务员就会这么跟主管讲："我丢掉了一个大客户。"但是主管在反映给经理时只会说："最近

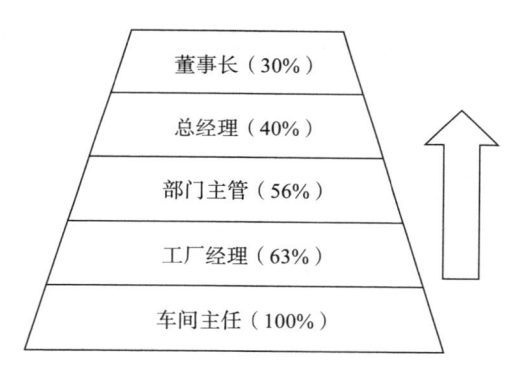

```
        董事长（30%）
       总经理（40%）
      部门主管（56%）
     工厂经理（63%）
    车间主任（100%）
```

图 3-2　公司危机知晓情况

客户很不稳。"经理告诉副总的时候会说："市场很难做。"副总会这么对总经理说："最近有点变化。"而总经理会告诉董事长："一切正常。"结果，一件不得了的大事最后变成了一切正常。从这里可以看出，大家之所以没有如实报告坏消息，是怕被追究责任，而真实的信息就这样一层层地被过滤掉了。

所以我认为，董事长、总经理不要天天坐在办公室里，应该常常去看看你的卖场、你的门店、你的员工。相应地，员工和干部也不要总是认为只有开会才能跟董事长讲话，而应该利用各种渠道接近董事长，接近总经理，向他们如实反映一线工作中存在的问题。如果大家都在中间不断地将信息过滤掉，最后就会导致下情不能上传、上情不能下达。这种情况如果一直持续下去，最终受到损害的还是公司。

> 没有反馈，就无法做好沟通。

5. 缺乏反馈使沟通起了反作用

没有反馈，就无法做好沟通。那么，缺乏反馈具体都有哪些不利影响呢？归结起来有以下两点：

第一，因为对方没有反馈，所以，你会误以为对方已经听明白了，就认为不必解释了，其实对方一直都没有听明白。

第二，对方误解了你的话，但他没有跟你反馈，所以，你也不知道他误解你了，他就照他误解的结果去操作了。

总之，缺乏反馈的后遗症就是：讲话的人不继续解释了，而听话的人就按照自己的错误理解去做事。

本章小结

- 沟通存在十一种障碍，与个人相关的沟通障碍叫作个人障碍，与公司相关的沟通障碍叫作组织障碍。
- 沟通的个人障碍分别是职位的差异、专业背景的不同、信息的可信度、认知的偏误、过去的经验和情绪的影响。
- 沟通的组织障碍分别是信息泛滥、时间压力、组织氛围、信息过滤和缺乏反馈。

■ 第四章

如何突破障碍实现有效沟通

前文我们讲到沟通有十一种障碍：六种个人障碍、五种组织障碍。那么，我们该如何克服这些障碍呢？我认为有三件重要的事情是要认真做的，分别是：保证沟通到位，避免踢皮球；说话既有重点，又有技巧；会说，更要会倾听。

保证沟通到位，避免踢皮球

要扫除沟通的障碍，上司就要不断地紧盯下属，下属要不断地向上司反馈。因为沟通一出现偏差，马上就可以得到纠偏。一件事情出了问题，如果双方彼此推脱、"踢皮球"，一个说："我不知道，你没讲清楚，我当初不知道你是这个意思。"另一个会说："我跟你讲得明明白白，你怎么能说不知道呢？"这是不对的。我觉得如果出了问题，那么双方都有责任。我给大家提一个建议，叫作"事前问清楚，事中有反馈，事后负责任"。

1. 事前问清楚

上司听完下属的话后，要给结果；下属听完上司的话后，要问资源。所谓资源，就是完成这项任务需要多少人力、物力、财力，需要有什么样的后勤保障，需要多少时间。

举个例子。如果有人要求你去买一个笔记本，你应马上询问："笔记本内页是要空白的还是有横线的。"

对方可能会说："两种笔记本都可以。"

"那是要100页左右的还是50页左右的？"

"我希望是100页左右的。"

"硬壳的还是带皮面的？"

"那就硬壳的吧。"

这样，你在买之前把要求问清楚了，买了笔记本回来，对方也就没什么可挑剔的了。这就叫作事前问清楚。如果你没问清楚，想当然地买了一个回来，不是对方要的那种，对方自然会怪你。也许你会感到委屈："买之前你怎么不说清楚啊！"可对方也会回敬你一句："谁让你不问清楚就瞎买。"

2. 事中有反馈

凡事反馈，就能保证执行不走偏。对于即时性的事，收到消息后或做完后要立刻回复或上报；对于一个长时间的任务，则可以阶段性地汇报进展。

关于反馈，上一章讲了不少，这里不再多说。

3. 事后负责任

　　事情已经发生，如果出现问题，我们不要回避，而应查明原因，总结经验，在吸取教训的同时提醒众人，让之后的人尽量规避事故风险，避免类似情况再次发生。这就做到了事后负责任。

　　无论做什么事情，我们一定要事前问个明白，事后懂得吸取教训，负起自己该负的责任。

> 无论做什么事情，我们一定要事前问个明白，事后懂得吸取教训，负起自己该负的责任负。

沟通

■■■■ **说话既有重点，又有技巧**

说话漫无边际、啰里啰唆，会让听的人摸不着头脑，甚至感觉厌烦，失去倾听的兴趣，在这种情况下怎么能沟通好呢？所以，说话的人一定要简化语言，还要注意谈话技巧，即言简意赅，打动人心。

1. 抓住重点，把话说到刀刃上

我们先看一件发生在我家的小事。

> 有一天，我女儿看了《泰坦尼克号》，我就问她：“《泰坦尼克号》好看吗？”"爸，那电影很棒哦。"我

第四章
如何突破障碍实现有效沟通

说："讲给爸爸听听。"她说："行。"

她一开始讲，我就打断她说："哎，哎，你怎么没有问爸爸要让你讲多久？"她笑笑说："爸，你打算让我讲多久？""10分钟。"我回答。

她讲完以后，我就跟她说："女儿啊，男主角和女主角在甲板上发生的爱情故事，你讲了4分钟，可是邮轮撞到冰山后沉没，你居然忘了交代。《泰坦尼克号》原本讲的是邮轮撞到冰山的事，为了不让这件事太枯燥，制作影片的人才想出这样一个传奇故事——一个男的跟一个女的在'泰坦尼克'号上邂逅。这个故事最为重要的部分是船沉没，你居然都没有讲，而那个男主角穿什么样的衣服，你却讲了1分钟。你讲话没有重点，现在你重新整理一下，然后在3分钟内再讲一遍。"

这一次，她讲得还不错。我说："再回去想一想，这次我给你30秒。"等到她再讲时，讲话就非常快，大致意思是："泰坦尼克"号是白星轮船公司制造的一艘邮轮，从英国航行到美国。为了保证邮轮在3天之内到达目的地，船员加快了行驶速度，结果忽略了海上的一些危险信号，导致邮轮撞上冰山而最终沉没。为了增强这一事件的传奇性，就增加了一个有关蓝宝石的浪漫爱情故事。我一看表，她讲了大概29秒。

沟通

我为什么要这样训练我的女儿呢？因为一个人在跟别人沟通的时候，不是自己想讲多长时间就可以讲多长时间的——你怎么知道客户要给你多少时间呢？

举个例子。今天我在42楼碰到你，你是一个公司的业务代表，那你想不想在电梯从42楼到1楼之前，把你们公司的产品跟我很快地讲一下？如果想，你打算讲什么？

> 有一次，麦肯锡公司为一家重要的大客户做咨询。咨询结束后，麦肯锡公司的项目负责人与该公司的董事长在电梯间里遇见了，董事长问项目负责人："你能不能说一下这个项目进展得如何了？"该项目负责人立刻蒙了，因为他无法在电梯从30层到1层的几十秒内把事情说清楚。麦肯锡公司因此失去了这一重要客户。自此之后，麦肯锡公司要求员工要在最短的时间内把事情表达清楚，要直奔主题，直奔结果。因为，一般情况下人们最多记得住一二三，记不住四五六，所以凡事要归纳在3条以内。这就是著名的"电梯演讲"（Elevator Speech）。

在这里，我给你一个建议，对你们公司的业务员说："假设

第四章
如何突破障碍实现有效沟通

我是一个客户，我没空听你讲话，但是你非要缠着我讲。我现在要出去，你跟着我，一直跟到我们楼下的大厅，我在那里等司机，司机开车过来，我马上就走，这个时间是3～4分钟，那么你会怎么讲？"然后，你听听他讲什么。

如果你采纳了我的建议，做了这个试验，你就会发现许多业务员爱犯一个毛病——公司给多少资料，他就讲多少话。假如客户只给1小时，他就把资料砍一半；如果只给30分钟，就再砍一半；如果只给10分钟，就再砍两刀。这种做法是错误的，我们要做的是浓缩，不断地浓缩。

心理学研究证明：人的注意力只有10分钟。如果你在10分钟内没有抓住客户的注意力，他就没有兴趣了，即便你后来给他讲再多的东西，对他来讲，也已经是废话了。这就好比面试，如果你是一位应聘者，面试官让你简短地介绍一下自己，你就需要在心里提炼出最有价值的东西，把它展示给面试官，从而迅速调动起他对你的兴趣。如果你像背书一样，最开始你怎么样，后来又怎么样，平淡得如同白开水一般，换了谁可能都会渐渐没了听的兴趣，那你的价值、优势从哪里体现？你又怎么保证自己可以从诸多优秀的应聘者中脱颖而出呢？

所以，给对方做简报，或者向别人介绍产品的时候，不要永远都是背资料，而要事先准备一下：客户给2小时，你怎么讲；给 1 小时，你该怎么讲；给 30 分钟，又该怎么讲；直至 10 分钟、3 分钟甚至是 30 秒，你又分别该讲些什么。

2. 善用比喻，让道理浅显易懂

书本上说"孟子善譬"，说的是古代圣贤孟子很善于用形象的譬喻去说明一个道理。他为了说明舍生取义的道理，就把生命比作鱼，把仁义比作熊掌，并说："二者不可得兼，舍鱼而取熊掌者也。"意思就是，生命与仁义如果不能同时拥有，宁愿舍弃生命，也要有仁义之德。其实不仅是孟子，很多伟大先哲都善用比喻，善举例子。因为这样不仅可以使道理浅显易懂，而且容易引发听者的共鸣，给人留下深刻的印象。

有一次，爱因斯坦去参加一个晚会，有个老太太跟他说："伟大的爱因斯坦先生，你真是不得了啊，听说你得了诺贝尔奖。"爱因斯坦说："侥幸，侥幸。"老太太接着说："我听说你得奖的那篇论文叫《相对论》，什么是相对论啊？"爱因斯坦知道，面对一个老太太，是无法跟她讲什么深奥的理论的，他总不能问老太太读过量子力学没有，或者跟她讲 $E=MC^2$（能量等于质量乘以光速的平方），如果真要这么讲的话，老太太肯定听不懂。

所以，爱因斯坦打了一个比方，他说："亲爱的太太，如果你晚上在家等你女儿回来，已经过了午夜12点，你女儿还没有出现，你着不着急？如果让你再等10分钟，你觉得久吗？"

"真是太久了。"老太太回答。

"那么，如果你在纽约大都会听歌剧《卡门》，10分钟快不快？"

"这真是太快了。"

"所以你看，虽然两个都是10分钟，但你的感觉完全不一样，这就是相对的概念……"

"哦，我懂了。"老太太说。

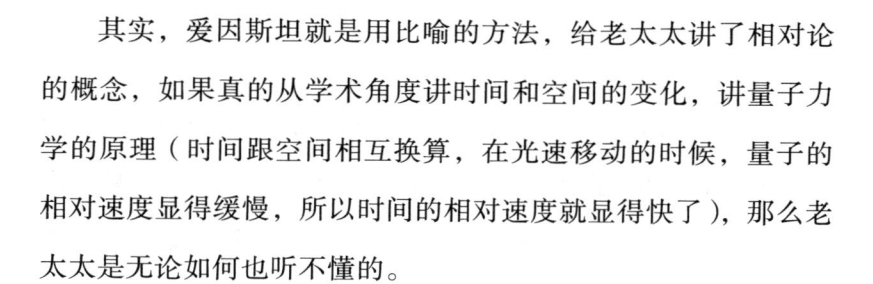

其实，爱因斯坦就是用比喻的方法，给老太太讲了相对论的概念，如果真的从学术角度讲时间和空间的变化，讲量子力学的原理（时间跟空间相互换算，在光速移动的时候，量子的相对速度显得缓慢，所以时间的相对速度就显得快了），那么老太太是无论如何也听不懂的。

古希腊数学家阿基米德就曾说，只会演绎一个抽象的数学逻辑，却不会把一个数学道理讲给一个路人听，是没有用的。所以，讲话要善用比喻，让人家一听就能够有所触动，就马上可以理解。

> 有一次，我和一个朋友到电影院去看电影，电影海报上写了个"杜比数字AC-3"。朋友见了，就自言自语地说："这个杜比数字AC-3是什么意思啊？"我说："这是杜比音效的技术之一，可以简单地看作声音的洗衣机。音带在收录声音的时候会有很多杂音，如果不将杂音洗掉，在放大声音的时候噪声会很大。运用这个技术，可以使音源在创作过程中删除多余的信号和各种噪声频率，使留下的有效音频更纯净，这样的声音在放大的时候会更具震撼效果。""哦，我明白了。"朋友高兴地说。

如果单纯讲技术，可能我这个外行人会讲不明白，而"声音的洗衣机"使他豁然开朗了。所以，与别人交流不但要注意重点，还要善用比喻，用很简单、形象的说法说出来，让别人一听就明白。

会说，更要会倾听

克服沟通障碍，还应该学会主动倾听。人有两只耳朵、一张嘴，就是要多听少讲。当然，这仅仅是个笑谈，但主动倾听的重要性是不容置疑的。戴尔·卡耐基说过："如果你希望成为一个善于谈话的人，那就先做一个善于倾听的人。"下属为什么不愿意建言献策？根源在领导，因为领导不爱听或不耐烦，下属刚讲两句他就马上打断。由此可见，领导者善于倾听是多么重要。

1. 为什么要做一名聆听者

听与说有同样的魅力，倾听是突破沟通障碍最基本的技巧。

归结起来，主动倾听有以下三个作用：

首先，让对方感觉自己受到了尊重。在我们跟别人沟通的时候，如果能主动倾听，让别人先讲话，对方就会感觉你很尊重他，他自然乐意与你沟通、合作。所以，不管是与客户、同事沟通，还是与其他合作单位沟通，只要你能做到主动倾听，很多问题都能很好地解决。

其次，便于抓住破绽，转守为攻。任何人讲话都会有漏洞，你要注意听他话里面的漏洞，一旦发现，就可以转守为攻，及时说出你的想法，对方就没有反击的余地了。如果总是你先讲话，破绽跟漏洞就容易握在别人的手上，你就不好辩解了。

最后，为自己准备答案预留时间。比如进行会议讨论时，不可能每次你都是有备而来的，当别人发言的时候，你可以边听边思考自己的答案。轮到你讲话的时候，你就可以很有把握地说出自己的想法。

2. 如何成为倾听高手

如何成为一个好的聆听者，让讲话的人觉得你对他所说的内容产生了共鸣，他说的是大家十分关心的话题。无论是想在职场顺利发展，还是想建立良好的人际关系，你都要学会倾听。

第四章
如何突破障碍实现有效沟通

善于提问题

很多人有这样一个习惯,在听对方讲话时要么总喜欢说"是,是的",要么就默不作声。在跟上司沟通的时候更是如此,他们以为这样就是顺从,对方就会喜欢。其实事实并非如此。如果你总是不吭声,会让对方摸不着头脑,不知道你心里到底是怎么想的,他甚至会误以为你是在敷衍他。时间一长,他就会失去跟你讲话的兴趣。

通常情况下,别人在讲话的时候,如果你能适时地提出问题,他就会认为你在认真听,你对他的话题非常感兴趣,他自然也会积极回应你,因为你的提问会大大激发他讲下去的欲望。人讲话时最害怕对方一点反应都没有。就好比孩子做错了事,家长教育孩子,如果孩子对家长的话无动于衷,家长心里不免就会发慌,甚至着急,以至于生气地问孩子:"你听到没有?"相反,如果孩子了解家长的良苦用心,还针对家长的训话提出自己的疑惑,相信家长一定会乐于解答的。

再比如,老师在讲课的时候,通常也很喜欢学生向他提问。因为这表示学生对老师的课很感兴趣,这会大大激发老师的讲课热情,他会讲更多的知识内容,而学生也会从老师那里汲取更多的精神营养。如果学生们死气沉沉、沉默少言,老师自己都会纳闷:学生们到底听懂了没有?

所以别人讲话,我们适时发问,引起他的兴趣,他就会有

沟通

> 与人交谈时适时提出问题，会刺激对方讲话的意愿，让沟通更加顺畅、有效。

兴趣与我们交流下去。

可见，与人交谈时适时提出问题，会刺激对方讲话的意愿，让沟通更加顺畅、有效。

集中注意力

注意听别人讲话是对别人的尊重，所以，沟通时尽量不要玩手机，不要接听电话，不要看公文或看电脑。否则，讲话的人看你心不在焉，会认为你很不礼貌，或者误会你对他的话不感兴趣，他就不愿意继续交谈了。

在会见重要客户的时候，更要养成把手机调成静音的习惯。这不仅是你尊重他人的表现，更能赢得客户的信赖和好感。

有一次，一个业务员要把润滑油卖给我们公司。那天，他在与我洽谈的时候竟然接了

第四章
如何突破障碍实现有效沟通

四次电话。当他第四次接电话的时候,我对他说:"你好像很忙啊?"他说:"哎,是呀。"我当时很生气,就说:"麻烦你出去把电话打完了再进来跟我讲话,我希望你再一次跟我讲话的时候把手机调成静音。"他说:"对不起,余总!"最后,我语重心长地对他说:"年轻人,你要把这个坏习惯改过来。我们只谈了三分钟,你就打了四次电话。如果我今天心情不好的话,你出去后,我就再也不想见你了。我给你一个忠告,要想让客户喜欢你,在与客户洽谈时,你的手机最好调成静音。"

> 要想让客户喜欢你,在与客户洽谈时,你的手机最好调成静音。

同样,与下属沟通时集中精神,下属也会认为你是一位很好的主管。所以,

沟通

在下属向你汇报工作的时候，你尽量不要一边看公文，一边回应他，也不要在下属面前看手机。

不妄加批评

你在听对方讲话的时候，不要当场批评他，因为这样会让他觉得很没面子，觉得自己很笨，或许还会觉得你不在乎他。尤其是在跟下属沟通的时候，如果下属的话还没讲完，你就劈头盖脸地数落一顿，下属即使有再多的问题，也不愿意与你沟通了。

不随意打断对方

不要随意打断别人的谈话，因为这样只会招致别人对你的反感，认为你很不礼貌，很没有修养，而且会打击对方谈话的积极性。他会想：既然我说什么你都要打断，那我干脆不说了，你来讲好了。所以，不要打断对方的谈话，等他讲完，再表明你的看法。

有一次，我跟太太在讲话，大女儿（那时候她还很小）冲过来说："爸爸……"我说："阿乖，我在跟你妈妈讲话，你不要打断，这是一个很不礼貌的行为。以后看到爸爸妈妈在讲话，你如果有事，就先站在旁

第四章
如何突破障碍实现有效沟通

边,我会问你。好吗?"后来孩子就学会了,我与她妈妈讲话的时候,她即使有事,也只是站在旁边,我就问:"有事吗?""爸爸,我可以跟你讲话吗?""说吧,什么事情?"孩子慢慢就养成了这样的习惯。

后来,她到法国、英国求学,人家都说她很懂事,很有教养。

要让对方感到轻松

在听别人讲话的时候,要让讲话人感到轻松。多数总经理、董事长都会有张大办公桌和一把看起来很堂皇的椅子,坐在那里好像很威严似的。"有事吗?说吧。"董事长通常会这样对进来的下属说话,下属就会很紧张。在这里,我给大家提一个建议:在你的办公桌和椅子旁边摆几把座椅,让进来的人坐下来跟你交谈。这样才会让对方感到放松。

心理医生跟病人讲话时,很少面对面,他们常常让病人躺下,看着天花板,自己则坐在一旁。因为根据心理学的研究,有心理问题的人如果看到对方一直盯着自己看,他是不愿意讲话的。所以,心理医生会避免和病人面对面,让他全身心放松,他会更愿意把自己的心事讲出来。

同样，董事长、总经理也可以让下属坐下来跟自己交流，这样他才不会过于紧张和拘束，沟通起来才会更加顺畅。

站在对方的立场上

我们在沟通时还应该学会站在对方的立场上去思考问题。有时候，我们常常以为自己已经站在对方立场上了，其实不然。比如你是电台心理热线的主持人，一个听众打来电话，说他很绝望，很痛苦，想自杀，你说："你不要自杀，这个世界不是很好吗？人活着应该学会快乐。"这话表面上听起来像是站在对方的立场上，但你仔细想一想：一个即将自杀的人怎么可能体会到这个世界的美好呢？他在面临困境的时候，又怎么能很快地快乐起来呢？所以，你这句不痛不痒的话，还是站在自己的立场上发表看法，解决不了对方的任何问题，只会让他觉得你"站着说话不腰疼"。而且从心理学的角度讲，这些话都属于"风凉话"，也就是对现况没有任何帮助的话。说风凉话不但无济于事，还会加剧对方的痛苦。

我们拿地震来做一个说明。

> 遇见灾区的灾民，有三句话是绝对不要讲的。
> 第一句："这场地震真惨！"在灾民面前永远不要

第四章
如何突破障碍实现有效沟通

提起灾难，那是一个痛苦的回忆，所以就不要再讲了。你不要一直跟他说"你是怎么逃出来的？""怎么那么巧，砖头没有砸到你？"。你不要问他埋在哪里，他家垮成什么样……

第二句："我非常理解你的痛苦。"除非你也有同样的经历，不然这样的话就是风凉话。

第三句："我就是你的亲人。"此话言外之意就是提醒他，他的亲人死了，从而勾起他痛苦的回忆。

这三句话都没有从灾民的立场出发，对抗震救灾没有任何积极作用，也改变不了灾民的现状，并且他们很可能会觉得你在说风凉话。

我们来看看这段话："老肖啊，听说上面决定让你离职。老肖，不要难过，'船到桥头自然直'，'柳暗花明又一村'。这不过就是你先走，我们后走，大家迟早都要被裁掉的。"这些话就叫作风凉话。老肖听后会想：那为什么不是先裁你呢？我先被裁了，你跟我说"船到桥头自然直"，要是你先被裁了，你还会说"船到桥头自然直"吗？你跟我说这些有什么用呢？

所以，你要跟他这么说："老肖，不管公司做得正不正确，我们这个公司最近运营确实很不好，所以决定有计划地裁员。

沟通

我身为一个科长，对你非常同情，但是老肖你不要怕，大家都是哥们儿，你出去以后，要是遇到什么困难就回来告诉我，我想办法帮你解决，我们都会支持你，有困难尽管开口。"他肯定会很感激你。这就叫作站在对方的立场上，设身处地地替对方着想。

学会控制情绪

高层管理者尤其应该学会控制自己的不良情绪，因为他们通常是要做决策的，如果情绪失控，在冲动下做出不理智的决策容易铸成大错。所以，千万不要带着情绪与人沟通。

进入沟通循环

沟通是一个有序的循环过程（见图4-1）：先要认真倾听，

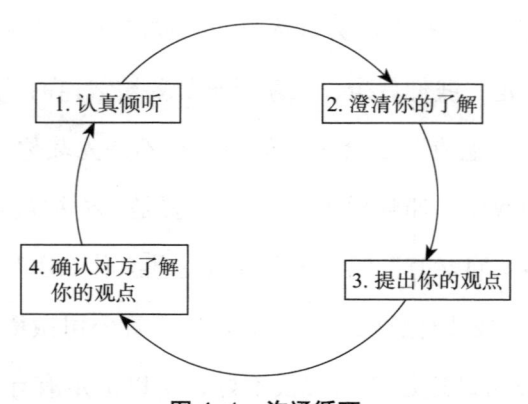

图4-1 沟通循环

然后弄清楚你听得对不对，再提出你的观点，最后确认对方是否了解你的观点；接着，再认真地倾听，再弄清楚你听得对不对……就这样循环下去。

所以，沟通就是一个不断循环、不断深入的过程，而且这个过程中四个步骤的顺序是不能被打乱的。很多人懂得这个循环，却做不到先主动倾听，总是急于发表自己的看法，把第三步当作第一步，把第四步当作第二步，这样做只会使沟通受阻，无法形成良性循环。

沟通

> **本章小结**
>
> - 克服沟通障碍有三种方法：保证沟通到位，避免踢皮球；说话既有重点，又有技巧；会说，更要会倾听。
> - 在沟通时，要做到事前问清楚，事后负责任。
> - 既要简化你的语言，突出谈话重点，还要善于运用比喻说明问题，这样会让沟通更顺畅。
> - 主动倾听很重要，既可以表示你对对方的尊重，从而赢得好感，又便于你分析和思考。
> - 沟通是一个有序的循环过程，你需要先用心倾听，再搞清楚自己是否已经明白，然后向对方提出你的观点，最后确保对方了解你的观点。

■ 第五章

沟通需要好过程

整个沟通过程需要具备五个要素，分别是发讯者、编码、渠道、解码、收讯者。其中，编码、渠道和解码是影响沟通效果最为关键的要素，只有将这三个环节做好，沟通才能畅通。

第五章
沟通需要好过程

沟通的过程有其固定的模式（见图 5-1）。在图中，最左边是发信息的人（发讯者），他将自己想要传达的信息进行编码（encoding），然后通过渠道，传到另外一个人那里进行解码（decoding），从而使对方（收讯者）理解自己传递的信息。

由此看来，信息从一个人传到另一个人需要具备五个要素，即发讯者、编码、渠道、解码、收讯者。其中编码、渠道和解码最为关键，它们直接影响沟通的效果。

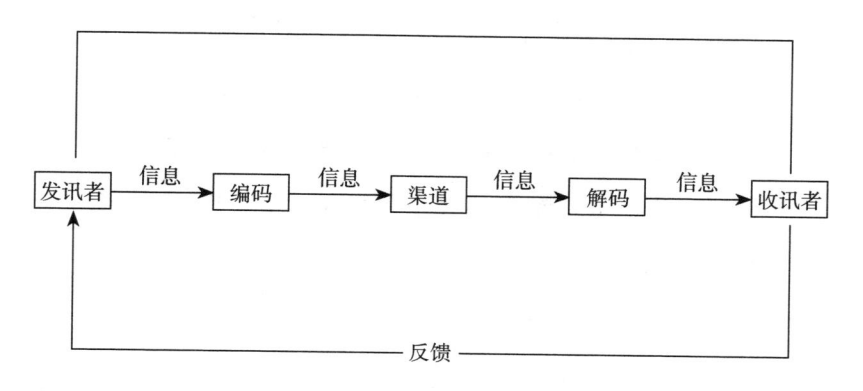

```
发讯者 →信息→ 编码 →信息→ 渠道 →信息→ 解码 →信息→ 收讯者
   ↑                                                      │
   └──────────────────── 反馈 ─────────────────────────────┘
```

图 5-1　沟通过程模式

沟通

▪ ▪ ▪ ▪ 准确地传达信息

总经理告诉秘书:"你帮我查一查我们有多少人在纽约工作,董事长将会在星期五的会议上问到这一情况,我希望准备得详细一点。"于是,这位秘书打电话告诉纽约分公司的秘书:"董事长需要一份你们公司所有工作人员的名单和档案,请准备一下,我们在两天内需要。"分公司的秘书又告诉其人事部经理:"董事长需要一份我们公司所有工作人员的名单和档案,可能还有其他相关的材料,需要尽快送到。"结果第二天早晨,四大箱航空邮件寄到了公司大楼。

第五章
沟通需要好过程

这个例子很好地说明了沟通出现问题，可能会产生多大的误差。一个人要会讲话，另外一个人要会听话，讲得清楚，听得明白，双方沟通就没有问题了。如果一方不会讲，另一方又不会听，那沟通就会出现障碍。那么，如何才能准确传达信息（编码）呢？

1. 运用好技巧，柳暗花明

同样一件事情，如果用不同的方式去表达，结果往往会大相径庭。所以，在谈话时运用一定的技巧非常重要。技巧运用得好，往往会"柳暗花明"；如果技巧运用不好，就会弄巧成拙。

孩子从学校放学，妈妈在厨房炒菜。"小强啊，今天数学卷子发了吗？"妈妈知道今天要发数学卷子。孩子说："发了。""拿出来看看！"妈妈说。一看上面写了个70分，妈妈愤怒道："怎么才70分？"

你猜小强怎么回答，他说："妈，我后面还有20多个人呢！""是吗？吃饭！"妈妈觉得自己的儿子还可以，至少成绩排在中间。

121

沟通

"后面还有20多个人呢！"这就是编码的技巧。这也是沟通的一个技巧，人们用这种方法来获得别人的同情和理解。

> 某商场休息室里售卖咖啡和牛奶。刚开始，服务员总是问顾客："先生，喝咖啡吗？"或者："先生，喝牛奶吗？"结果，销售业绩平平。后来，老板让他换一种说法："先生，您是喝咖啡还是喝牛奶？"结果销售额大幅增长。

案例中，老板就运用了说话（编码）的技巧。第一种问法容易得到否定的回答，而第二种问法是选择式的，它会在不经意间引导顾客在二者中选择其一。

我再讲一件我在日本碰到的事情，来进一步说明沟通技巧的重要性。

> 好几年前我在日本参加一个培训。临行前，我太太交代我帮她买化妆品。我去了百货公司，售货员拿出我要买的品牌的化妆品给我看，我将这些化妆品跟我太太给我的单子一对照，发现没有一个是吻合的。

我说："不好意思，我太太要的都没有。"售货员赶紧说："先生，是我们不好意思，没有你要的东西。"我听了更加不好意思了，只好拿了一支口红说："这个也可以。"然后请她帮我包了起来。

其实那支口红根本不是我太太要的，可是售货员为我找了半天东西，还向我表示歉意，我也不好意思一件不选。那个售货员真的很会讲话，如果换了别的售货员，可能就不会再搭理我了，甚至还会说些风凉话来讥讽我。

由此可见，会讲话跟不会讲话有很大的区别，嘴巴巧有时就能使问题迎刃而解。

2. 态度坚决，问题迎刃而解

很多时候，讲话者的态度也能够影响沟通的效果。如果你实力很强，态度很坚决，你也能够达到沟通的目的，使问题得以解决。

1996年底，资深外交家安文彬开始负责香港回归交接仪式的筹备工作，他的任务之一就是确保在1997

年 7 月 1 日 0 点准时升起中国国旗。

《中英联合声明》中并未明确规定是 7 月 1 日的 0 时 0 分 0 秒回归，因此英方认为，只要当天交接完就行。双方经过了 16 轮谈判，英方坚持英国国旗于 6 月 30 日 23 时 59 分 59 秒降下来。然而，升国旗的同时要奏国歌，指挥棒抬起落下共需 2 秒，这意味着香港无法准时准点回归。安文彬毫不留情地说："香港已经被你们占领了 150 多年，而现在我要的只是 2 秒钟，你们却如此无理相拒。我认为英方的态度不仅中国人无法接受，世人也无法容忍。"英方见中方态度坚决，最后只能答应中方的要求。

其实，争取香港回归，中国政府一直在做着不懈的努力。香港之所以能顺利回归，就是因为国家强大了，我们谈判的底气足了，态度坚决了，问题也就自然解决了。

3. 储备各类知识，避免对牛弹琴

要想顺畅沟通，就要具有相同或相近的知识层次，即要有共同语言。不同知识层次的人，沟通起来会有点困难，因为他

们不能准确理解对方的想法。成语"对牛弹琴"讲的就是这个意思。另外，有一个俗语叫"秀才遇到兵，有理说不清"，其含义是：旧时士兵多半蛮不讲理，有学问的人跟他讲道理是没有任何用处的。

同样，两个知识背景不同、立场不同的人，在沟通上也会出现障碍。有句话叫作"公说公有理，婆说婆有理"，各有各的理，怎么沟通呢？所以，学术界在围绕某一个话题进行讨论时，常常也会引发激烈的辩论。

因此，双方知识储备不一样，容易造成编码（讲话）与解码（听话）上的错位，导致沟通障碍。

> 双方知识储备不一样，容易造成编码（讲话）与解码（听话）上的错位，导致沟通障碍。

4. 了解文化背景，做到入乡随俗

两个文化背景不一样的人，沟通起来也会有障碍。比如，我们平时喜欢用"OK"的手势表示问题解决、任务完成，或对某件事没有异议，日本人却惯用这一手势来表示金钱，而在韩国人眼里，这样的手势带有侮辱性质。

再比如，中国人的喝酒文化是与众同乐，而如果你有机会跟日本人、美国人或欧洲人在一起，你会发现他们喝酒是自己喝自己倒，自己想喝多少就倒多少。为此，日本人还专门发明了一种小酒壶。

这就是各国文化的差异，如果我们不去主动了解和尊重其他国家的文化和风俗习惯，就会产生沟通问题，我们无意识的行为或者一番善意，甚至会被对方曲解为恶意、不尊重。所以我们常说，要入乡随俗。

■■■■ 保证沟通渠道畅通

了解了沟通过程中的编码问题,我们再来看看沟通的中间环节——信息传播者传递信息的途径或渠道。

1. 避免沟通渠道被干扰扭曲

如果我们在手机信号不好的地方,手机就会打不通。接听手机的人也一样,如果他在手机信号不好的地方接听电话,你这边"喂、喂"了半天,他那边也听不到。从沟通的角度来讲,这就叫作"渠道受到干扰"。

所以,讲话者再会讲话,听话者再怎么用心地听,如果渠道受到干扰,不畅通,就好像手机信号不好一样,是听不到对

沟通

方在讲什么的。

当你讲话的习惯和对方的习惯不一样的时候，当有人帮你传话给对方结果传错的时候，或者你的这种讲法在对方那里不能被接受的时候，就形成了渠道的干扰。渠道一旦被干扰，沟通内容就会被曲解，造成"话一出口，意思大变"的尴尬处境，就会产生矛盾，甚至形成偏见。所以，有时候双方沟通的本意是好的，但是渠道受到了干扰，其本质就发生了变化。

为了进一步说明曲解的产生，我们来看下面几幅图（见图5-2）。

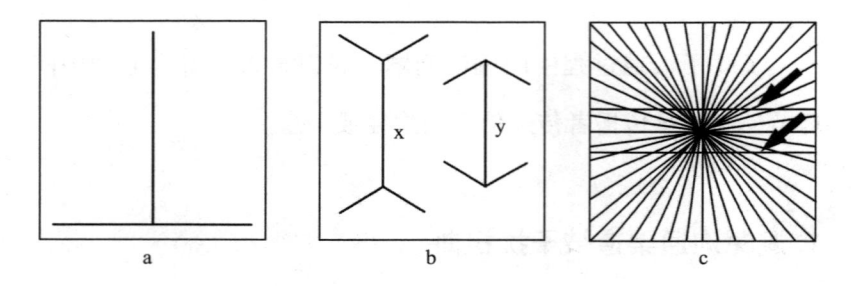

图 5-2 容易被曲解的几个图形

你会不会觉得图 a 中的竖线比较长，横线比较短？其实这两条线是一样长的。为什么会有这种错觉呢？这需要用位移现象来解释：因为人的眼睛左右移动比较快，上下移动比较慢。所以，你在看横线时，眼睛左右移动的时间较短，就会感觉横线短，而看竖线时，眼睛上下移动的时间较长，就会感觉竖线长。这就好比走在城市的大街上,你会感觉街道两边的楼房特别高,却感觉不到街道的宽阔。

乍一看,图 b 中的 x 线比 y 线长,但其实它们是一样长的。这是什么原因呢?因为 x 线上下是开放的空间,所以你会感觉它比较长,而 y 线上下是封闭空间,你就会感觉比较短。现实生活中很多人喜欢在家里面装镜子,还有些人喜欢大面积的落地窗,就因为它们会在感觉上把空间放大,让家里显得宽敞。其实,这仅仅是一种错觉。

图 c 中间那两条线,你觉不觉得是平行线?可能你不觉得,但其实它们就是平行线。这两条线中间的辐射线密度与两边相比要大一些,所以你会觉得中间装的东西多,就感觉它宽,两边的辐射线密度比较小,相对中间那个位置要稀疏一些,你就会觉得两边装的东西少,就会感觉它窄。其实这两条线中间的宽度和两边的宽度是完全一致的,这是辐射线密度不同给人造成的错觉。

以上三个图形告诉我们:我们的眼睛常常都会使信息扭曲,何况是别人说的话呢?如果我们曲解了对方的话语,我们的体会就会完全不同。

总之,我们只有把编码、解码以及中间的渠道都做好了,双方的沟通才会顺畅。

沟通

2. 灵活应对无处不在的传言

如果有一种信息像葡萄藤一样迅速蔓延，就被称作"传言"。传言是一种在非正式沟通渠道传播的消息，说者和听者都小心翼翼，但不会落下任何一句。同时，每个人在传播过程中又添油加醋，更具互动性。

人们为什么喜欢散播传言

为什么人们喜欢散播传言，喜欢听小道消息，喜欢打听一些机密的事情？我认为主要有以下四方面原因。

第一，减轻自己的忧虑。

传言就是表示这件事情有可能存在，大家因此而忧心忡忡。为了减轻心中的忧虑，大家一直打听，于是传言便以迅雷不及掩耳之势蔓延开来。

> 2008年，一场源于美国的金融风暴开始肆虐全球，很多企业为了求得自保纷纷裁员，失业潮席卷全球，中国的外向型经济也遭受了一定的损失。在这样的背景下，企业员工开始人人自危，许多人为自己的前程深感担忧。

这时候，一份列举了上百家企业裁员的名单开始通过网络在国内白领中广泛传播，造成了大家的普遍恐慌。上了裁员名单的企业，内部员工为了证实网上消息的真实性，私下里到处打听。

从以上例子可以看出，对与自己的切身利益密切相关的事情，不论它是否真实，人们都会为了减轻心里的焦虑而四下打听，无形中就使消息越传越广。

第二，将支离破碎的消息拼合成完整的消息。

同样一件事情，你说一句，他说一句，这些消息就会显得支离破碎，如果把它们整合起来，就会使消息变得完整。这就好比拼图一般：我拿一块，你拿一块，他拿一块，拼合在一起就形成了一幅完整的图。而这个过程和结果又会给人一种满足感，所以大家喜欢散播传言。

第三，把传言作为一种联合的手段。

有个词叫作"同病相怜"，当大家都身陷困境的时候，传言就成了所有人联合起来抗争的一种手段。

由于大家都在同一条船上，彼此利益相同，当所有人利益都受损的时候，就会开始散播传言，最终形成一个联合体，共同对抗即将降临的危机。所以，人们有时会通过传言联合起来。

第四，标榜自己的地位和权力。

散播传言，有时候是想标榜自己的地位和权力，这是一种很有趣的心理。喜欢讲传言的人有时是为了向大家炫耀：我有第一手资料，我有内部消息，我掌握的这些消息你们全不知道，我厉害吧！的确，知道一些别人不知道的秘密，本身就是一种权力和地位的象征。为什么这么说呢？因为如果一个人掌握了内幕，别人就会很喜欢凑过去探寻究竟，无形中就提高了这个人的威望和地位。

"狗仔队"一词起源于意大利文paparazzi，正式翻译名为"追踪摄影队"。这个意大利词语后来被引入中国香港，翻译为"狗仔队"，起初是指那些擅长以跟踪、窃听的方式追踪案件的香港便衣刑事侦查员，后来这种调查方式被部分记者使用到搜集花边新闻上，于是人们就把那些善于追踪明星隐私的娱乐记者称为"狗仔"。

狗仔喜欢窥探名人隐私，总是时不时地制造一些明星偶像的绯闻，以吸引眼球，满足部分人群所谓的偷窥欲和好奇心，为百姓茶余饭后提供谈资。一些小报记者甚至24小时紧盯演艺名流的生活，以此作为新闻报道素材，并以独家报道的方式赢得大众的广泛注意，以此提高自家媒体的阅读率，从中获得高额的报酬。

想想看，这些狗仔为什么会对明星的私生活趋之若鹜，为什么那么热衷于去制造明星绯闻，散播传言？就是因为传言代表着一种地位、优势，甚至直接与金钱利益挂钩。

传言来了，该如何应对

并不是所有的传言都是负面的，我们也可以从中汲取一些有利于我们的信息。但有些传言还是给个人、企业和社会带来了不小的困扰。

2008年，有网站称："继液态奶被查出含三聚氰胺后，日前国家质检总局又抽查酒类产品，在一些酒中发现了致癌物质亚硝酸钠。"虽然有关部门和部分酒类企业声明，这纯属谣传，却仍在一定程度上引起了人们的恐慌，几天之内，酒类股票几乎全线跌停。

沟通

看来传言的杀伤力是非常大的,"众口铄金,积毁销骨"说的就是这个道理。那面对传言,我们该如何应对呢?

下面我们以格力电器为例来说明企业应如何应对传言。

几年前有一个传言,说中国最大的空调厂商格力电器要被收购,格力的员工们都很紧张,纷纷去询问时任副总经理、副董事长董明珠,还有人直接去问时任董事长朱江洪:"格力是不是要卖?"对于这种对公司极其不利的传言,格力的领导迅速采取了对策。

朱江洪和董明珠马上向所有干部和员工声明:公司从来没有说过要卖,董事会从来没有做过这个决定,至少目前没有这个计划,尽管有的报纸已经登出来了,但这只是一个传言,并且,格力一定会弄清楚这个传言是从哪里来的。朱江洪和董明珠对公司的干部说:"你们放心地工作吧,公司没有任何问题,即便真的要卖,也不会是你们先走。"他们澄清事实的态度让员工们感觉吃下了定心丸,事情就这样平息了。

关于如何应对传言,格力的领导为我们做出了榜样:一旦有人散播传言,千万不要言辞激烈地做出回应,这样做只会适得其反,因为人家会认为你恼羞成怒,从而更加确信这消息是真的。公司要做的就是三件事:第一,公开想法;第二,提出对策;第三,付诸行动,列出时间表,把事情统统厘清。做到这三点,传言就会慢慢消失。

第五章
沟通需要好过程

▪ ▪ ▪ ▪ **消除沟通漏斗现象，保证信息不失真**

什么叫作沟通漏斗呢？我们先来看一幅图（见图 5-3）。

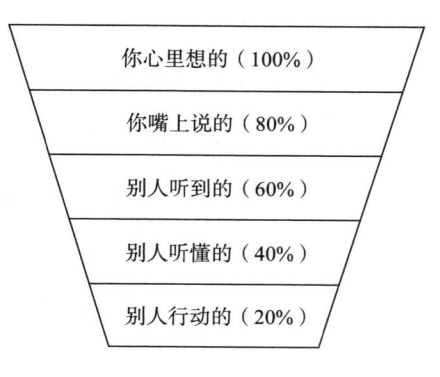

```
你心里想的（100%）
你嘴上说的（80%）
别人听到的（60%）
别人听懂的（40%）
别人行动的（20%）
```

图 5-3　沟通漏斗

一个人通常只能说出心中所想的 80%，但别人听到的最多只能是 60%；别人听到了 60%，听懂的却只有 40%；听懂了

135

沟通

40%，执行时却只有20%。如此这般，每一层损耗20%，就好比漏斗一般。我们把这种现象称为"沟通漏斗"。

在日常生活中，这种漏斗现象是很普遍的。你心中的想法也许很完美，但是当你交代别人去执行的时候，其结果却差之千里。这也是许多企业领导者的困惑与苦恼。那么，我们如何解决这个问题呢？下面，我根据图5-3所示从上至下逐一进行分析，然后提出一些建议。

1. 自己只能讲出心中所想的80%

为什么会出现这样的结果呢？我认为，这主要是讲话者自身的原因。归结起来，原因有以下两个：

第一，跟别人沟通以前，自己没有先列个提纲，没有把自己的想法逐条地记录下来，因此只能讲出心中所想的80%。另外，现实生活中有这样一种现象：很多人打完电话以后常常需要重新拨打，这种人多半在打电话前没有准备好。打电话前，把要讲的几个要点写在一张纸上，看着那张纸打电话，就不会漏掉什么了。

所以你要记住，要先把重点写下来，再与人沟通，否则总是会漏掉一些内容。这也是很多领导在开会之前都要把在会上讲的内容先罗列下来的原因。

第二，讲话者自己不好意思，有的话想讲却讲不出口，要么吞吞吐吐，要么找人传话，结果，话传出去就走样了。

2. 别人听到的只是你心中所想的60%

此种情形表明双方在沟通中存在以下三个问题：

第一，在讲话的时候，周围有干扰，别人听不清楚。关于这一点，我给大家一个重要的建议：不要在人很多的地方，或者环境嘈杂的地方讲话，要在一个相对安静的地方进行沟通。

第二，讲话者和听话者中有一方没有专心致志。这其实也是一种干扰，并且是一种主观的干扰。比如，讲话者在讲话的时候，要么不断地接听电话，要么在看电脑，总是不能静下心来讲话。这对听话的人来说，就是一种干扰，因为他从讲话人那里听到的是断断续续的信息，很有可能就听漏了。同样，如果听话的人总是心不在焉，老是打电话，或者表面上像是在听，心里却在想着别的事，自然就不可能完全接收到讲话者的信息。

对此，我的建议是：两人在沟通的时候，要一心一意地去讲、去听，尽量不要开电脑、接听电话或做其他与沟通毫不相关的事。在一些大型的讲座或会议上，组织者会要求每个人将手机调成静音或振动，就是为了减少干扰。

第三，对方在听话的时候没有做笔记。我想提醒你的是：在沟通时，如果你讲的这件事情很重要，就让对方把笔记本拿出来，记下沟通的要点。而且你还要要求对方复述一遍，以此来检验他是否完整地听到了，如果没有，你还需要再强调一遍。

3. 别人听懂的只是你心中所想的 40%

你也许会感到奇怪：怎么又少了 20% 呢？下面我讲一个案例。

我在大学教经济学的时候，有个研究生问我一个有关经济数学方面的问题，我就讲给他听。讲完后，我问他："你听懂了吗？"他说懂了。我说："那我问你个问题吧。"我就找了一个同类型的问题问他，他没有解答出来。我说："其实你没有真懂。"我就又讲了一遍。

我讲完以后，重新问他："懂了吗？"他说："这次懂了。"我又找了一个同类型的题让他做，结果他做错了。我说："你还没有真懂。"于是我又讲了一遍，最后他说这一次是真的懂了。他还加了一句话："余老师，我在四年当中每次读到这个地方，都没有读懂，你是第一个让我懂的人。"

我讲这个故事就是想告诉大家：其实很多人是不懂装懂，因为他不好意思承认自己不懂。所以，当发现那个学生没有真的听懂时，我就一直讲，终于让他把四年都没有搞懂的问题弄懂了。

那么，怎么判断对方是懂了还是没懂呢？我教你两个办法：

第一个办法：反过来问他问题。如果一个人说他对一件事情理解了，你就可以找同类型的问题问他，他如果答得不好，就不是真的懂了。

第二个办法：问他有没有什么其他的想法。一个人如果对一件事情真的理解了，他就会有自己的想法。所以，在听你讲解时，如果他总是"嗯嗯，是，嗯……"这其实不是真懂。如果他真的听懂了，你在反问他时，他可以讲出别的想法来，而不是只会唯唯诺诺。

4. 别人执行的只是你心中所想的 20%

我们交代的事情，对方往往会做不到位。出现这种情况主

要有以下两点原因:

第一,你没有给对方提供做事情的方法。如果你交代对方去执行一件事情,这只能叫命令,并不能叫方法。你给他下达了一个命令却没有附带方法,他只会说:"领导,我一定完成。"什么叫"一定完成"?怎么完成?你没问他有没有方法,也没有传授给他方法,他很可能并没有方法,自然就做不到位,即便勉强做了,结果也不会让人满意。

第二,你没有很好地监督他。当对方按照你的意图做事情的时候,你要在每个节点上盯着他,如果你没有盯着他,他总是会漏东漏西,忘这忘那。

结果,整个沟通的内容就会在"沟通漏斗"的作用下,一层一层"漏"下去,100%最后就只剩下20%了。很多人常常抱怨:为什么执行不到位啊?其实,这不仅仅是执行的问题,因为执行只是从信息的40%减少到20%,前面还漏掉了60%。

如果你在沟通的前期没有把事情做好,没有打下牢固的基础,又怎么能奢望执行的人能最终执行到位呢?

本章小结

- 整个沟通过程需要具备五个要素，分别是发讯者、编码、渠道、解码、收讯者。其中，编码、渠道和解码是影响沟通效果最为关键的要素，只有将这三个环节做好，沟通才能畅通。

- 影响编码的四个因素分别是技巧、态度、知识储备和文化背景。

- 如果沟通的渠道受到干扰，沟通内容就会被曲解，沟通双方就会产生矛盾，甚至形成偏见。

- 传言是非正式的消息，它像葡萄藤般在公司蔓延。人们喜欢散播传言，其目的有四个：一是减轻焦虑，二是整合支离破碎的信息，三是作为联合的手段，四是标榜自己的地位和权力。

- 公司应对传言要做三件事：第一，迅速公开说明，澄清事实；第二，迅速提出对策；第三，迅速付诸行动。

- 你心中的想法也许很完美，但是当你交代别人去执行的时候，其结果却差之千里，这是由沟通漏斗造成的。因此，你必须采取适当的方法，克服漏斗现象，尽可能地使自己的想法执行到位。

第六章
态度是沟通的第一生命

态度决定一切,态度是沟通的第一生命,好的态度让沟通达到事半功倍的效果。如果态度问题没有解决好,沟通的效果就不会好。在沟通中,我们要采取积极的、不卑不亢的态度,既不退缩,也不攻击,从而达到最佳的沟通效果。

第六章
态度是沟通的第一生命

■■■■ 应以怎样的态度进行沟通

弗朗西斯·培根曾说:"和蔼可亲的态度是永远的介绍信。"态度决定一切,态度是沟通的第一生命,好的态度可以让沟通达到事半功倍的效果。如果态度问题没有解决好,沟通的效果就不会好。在沟通中,我们要采取积极的、不卑不亢的态度,既不退缩,也不攻击,从而达到最佳的沟通效果。

讲话的态度分为三种,即退缩、攻击和积极。一般情况下,人讲话时的态度都是积极主动的,但如果身处某种困

> 态度决定一切,态度是沟通的第一生命,好的态度可以让沟通达到事半功倍的效果。

沟通

境，退缩或者攻击的态度就会占据上风，出现"两极分化现象"。退缩的讲话态度，就是不敢讲出自己的想法；而攻击的讲话态度，就是得理不饶人。从心理学上来讲，这两种态度都是不太健康的。

我不主张一味地退缩，忍气吞声，因为这样只会让坏人当道，导致黑白颠倒，是非不明；我也不赞成一个人总是得理不饶人，这样只会把你和别人的关系搞僵。我主张正面的沟通，也就是持有积极的讲话态度。

1. 退缩的态度，让人无路可退

有的人在跟别人讲话时，总是喜欢说"不好意思""对不起"之类的话，始终都好像是对不住别人，别人说什么就是什么，也没有任何反对意见，这是一种退缩的讲话态度。

我不主张一个人总是退缩，唯唯诺诺，因为退缩的人会自怜，退缩的人会受气。一个人太忧郁了，心中的怨气和委屈总是憋在心里，无法发泄出去，就容易生病。更麻烦的是，大家通常会不太喜欢自怜的人，跟自怜的人待在一起大家会感觉不舒服、不快乐。时间长了，自怜者身边的朋友就会越来越少。

中国有句老话，叫作"近朱者赤，近墨者黑"。我把这句话改一改，叫作"近积极者积极，近消极者消极"。这句话虽然讲得有点绝对，却有一定的道理。想一想，如果经常跟热爱生活、积极进取的人在一起，你的生活就好像充满着阳光，你会不自觉地受到他的感染和影响，也会学习他积极、主动的态度；如果跟消极、退缩的人朝夕相处，你也会不同程度地变得懒惰和懈怠，即使你意志很坚定，也难保丝毫不受影响。当你终于有一天无法继续容忍自己懒惰和落后下去时，你就会想要逃避，这也是大家不愿意与整日退缩和自怜的人打交道的原因。

所以，不要到处诉说你的痛苦，不要常常流露出你的委屈。其实，世界上每个人都活得很辛苦，如果常常自怜，常常哀怨，人家跟你在一起也会觉得难受，可能还会不尊重你，认为你无能、没用，只会哭诉。

正确的做法是：正视困难，并采取积极、主动的办法去克服。

2. 攻击的态度，让人更加孤单

与退缩恰好相反的讲话态度就是不断地攻击。持有这样讲话态度的人会遭遇以下两种结果：要么对方会与他对着干，双方不断地起冲突，所以这种人很容易树敌；要么对方会想"惹不起难道还躲不起吗"，从而对这种人敬而远之。所以，在公司里面，盛气凌人的人、喜欢颐指气使的人、喜欢大呼小叫的人，还有自以为是的人，最后都会感到奇怪：怎么身边的人慢慢地都走了？

在这里，我给你一个建议：公司里如果有那种具有攻击性的人，你一定要小心，如果留下了他，公司里的人才往往会流失；相反，你把他裁掉，人才反而会留下。

当然，从表面上看，具有攻击性的人不像习惯退缩的人那样处处吃亏，受委屈，反倒是他总在压制别人，欺负别人，好像很强势。可是我要提醒你的是，强势并不能让你说的话更有说服力，反而更容易受到听话者明里暗里的抵抗。正如戴尔·卡耐基所说："人们不喜欢改变自己的决定，他们不可能在强迫和威胁下同意别人的观点，但他们愿意接受和蔼又友善的开导。"同时，具有攻击性的人，他的处世风格和待人态度对自己的身心健康也是有害的——一天到晚欺负别人的人，会时时警惕别人是不是也在暗算他，于是每天疑神疑鬼，神经高度紧张，久而久之，就会对健康不利。

> 强势并不能让你说的话更有说服力，反而更容易受到听话者明里暗里的抵抗。

总之，退缩和攻击是人们讲话态度中的两个极端，要么就是过度委屈，要么就是过度强势，都是很不好的。

3. 积极的态度，让人享受沟通

前面讲到，退缩和攻击的讲话态度都是不科学的，那么，怎样才叫作正确的沟通呢？这就是积极的讲话方式。我认为每个人在沟通的时候，都应该学会正确的讲话方式，这样才叫作会沟通。

以下我将列举几种积极沟通的方法，包括谅解型、提示型、直言型、警诫型、询问型，大家可以验证一下。

摆明道理，用关怀打动对方

所谓谅解型沟通，就是同情对方但仍然说明自己的需要。

"小董，公司最近在武汉开了新的网点，我们决定把你派去当副总经理。听说你和你的老公感情非常好，你们结婚还不到三个月，但是公司这个任务，非你莫属。当然，我们体谅你的难处，你可以经常跟你老公视频，超额的电话费也由公司负担，而且给你每个月

沟通

增加两天探亲假。总之,把你派到武汉是公司的一个决定,希望你能接受。"

"各位,前一阵由于有一个零件没有到位,美国的订单拖延了一段时间。为了赶进度,这两个星期大家要天天加班到晚上8点。不过公司会供应晚餐,同时付加班费,希望各位能够密切配合。"

适当提示,让对方信守承诺

所谓提示型沟通,就是指出当初的承诺与现况有点出入,以此来提醒对方。

经理说:"小张啊,你不是说星期四要给我报告嘛,我星期五要汇总给总经理,现在六个部门的报告都给我了,就差你这个研发部的还没有给我。小张,现在是星期四的早上,你能在今天抓紧时间给我吗?"

"我还没有写,经理。"

"小张,你当初跟我说你星期四一定给我的,但是现在你居然跟我说你还没有写。小张,你让我很为难。"

第六章　态度是沟通的第一生命

"华经理，你跟我说我们的销售预算是 15 万元，但是你现在只拨了 12 万元，就说不能再拨了。那么，剩下的 3 万元我得跟总经理报告，你才能拨给我吗？"

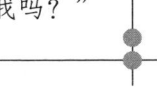

直言不讳，坦率说出自己的心里话

直言型沟通就是开门见山地提醒对方，他的行为对你有不良的影响。

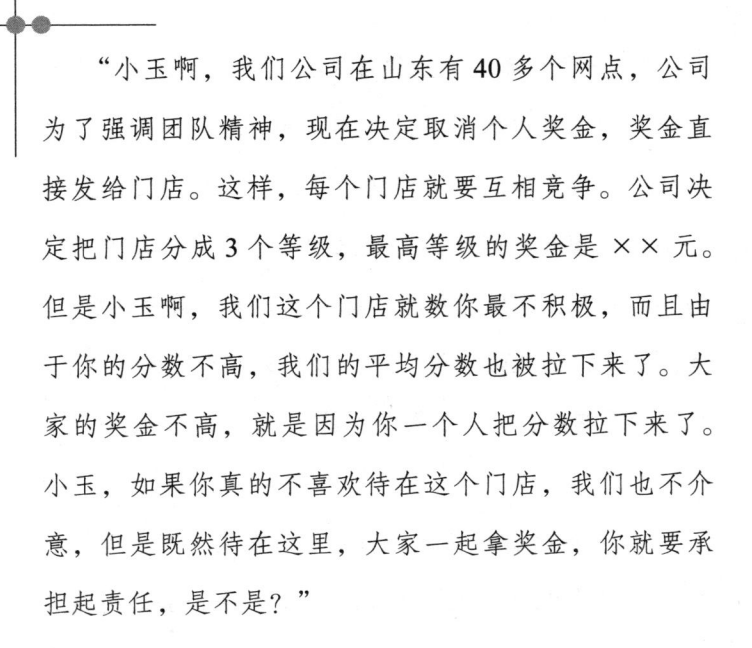

"小玉啊，我们公司在山东有 40 多个网点，公司为了强调团队精神，现在决定取消个人奖金，奖金直接发给门店。这样，每个门店就要互相竞争。公司决定把门店分成 3 个等级，最高等级的奖金是××元。但是小玉啊，我们这个门店就数你最不积极，而且由于你的分数不高，我们的平均分数也被拉下来了。大家的奖金不高，就是因为你一个人把分数拉下来了。小玉，如果你真的不喜欢待在这个门店，我们也不介意，但是既然待在这里，大家一起拿奖金，你就要承担起责任，是不是？"

"老罗啊,公司规定中午休息到 1 点半,但是你每次在座位上都要趴到快 2 点,我们叫你两次你才愿意起来,客户看到很不好,会影响我们这个部门的形象。你以后可不可以按时起来?"

及时警告,让对方引以为戒

警诫型沟通就是告诫对方,如果不改正错误会有什么后果。

"小丽啊,昨天晚上你第二次晚回来。公司对女子宿舍有非常严格的要求,11 点以前一定要全部回宿舍休息。你前天跟我说你奶奶来了,所以我们允许你 11 点半回到宿舍。昨晚你又回来晚了,难道你姥姥来了吗?小丽啊,你既然住在宿舍,就要遵守宿舍的规定。我提醒你,如果怕犯错、怕记过,你就干脆搬出宿舍。但是住在宿舍,公司是要管你的。"

"老陈啊,你连续 3 次报销从青岛到济南出差的午餐盒饭都是 80 元一份。可是从青岛到济南去的高速公路上所卖的盒饭,我们都问过了,不到 80 元钱。我提醒你，你已经报销3次了，公司说再报一次就当贪污来办，你何必要弄成这样呢？"

善用询问，让对方感到被尊重

希望了解他人的立场、感受和愿望，这是询问型沟通的态度。

"总经理昨天开会决定，业务单位只放10张办公桌。我们有30个业务员，所以，要么两三个人共用一张桌子，要么大家轮流用。因为他发现很多业务员一天到晚在办公室里泡茶、看报、喝咖啡，有的还在那里睡觉。如果你们觉得这样不太好，我们开会的时候再重新研究一下怎么解决上班时懒散的问题吧。"

"老左，我们公司最近在湖南长沙开了一个分公司，这家分公司目前人手不够，干部也不太熟悉业务，我们打算先把你调过去，你看怎么样？你有什么想法可以告诉我，你看要不要跟太太一起过去，或是你希望外派不要超过两年或一年？我们可以谈一谈。"

> 所谓积极地讲话，就是将一句话合理、正确地表达出来，既不退缩，也不攻击。

总之，以后我们在讲话以前要先想一想：自己要说的话算不算攻击，算不算退缩。如果算，我们就应该及时把它纠正过来。养成了这个习惯，也就学会了积极地讲话。所谓积极地讲话，就是将一句话合理、正确地表达出来，既不退缩，也不攻击。

最后用一个例子来结束本节内容。

一个人把垃圾扔到邻居家门口，邻居很大度，把垃圾丢掉了。他又扔一包，邻居又把垃圾拿去丢掉。扔到第三次，邻居还是帮他处理了。

垃圾扔到别人家门口是不对的，但邻居的做法也不是正确的沟通态度。正确的沟通态度应该是告诉他："我们家门口不是垃圾箱。"而且还要跟他讲："第一次、第二次我可以替你解决，但是不允许有第三次、第四次，人的忍耐是有限度的。"每个人都要正面地、积极地去解决问题和进行沟通，而不是一味地退缩。

第六章
态度是沟通的第一生命

■■■■ 沟通时不搞小动作

沟通时,不仅要用口和耳,还要全身心地投入,避免一些小动作。有很多人可能自己不觉得这些动作有什么不妥,但这些动作确实会让对方感到不雅或是产生一些联想和误会,这在沟通中是很忌讳的。

那么,在与人沟通时应该避免哪些小动作呢?

1. 把人拉到角落里讲话

这个动作会让人感觉你有秘密。有一次,我去我们公司的钢铁厂,该厂的厂长走过来跟我说了这么一句话:"余总,可不可以借一步说话?"坦白讲,我不太喜欢这句话,什么叫

沟通

"借一步说话"？难道这些话不能给别人听吗？

所以，做领导干部的要特别记住：不要在角落里讲话，这样会给人一种感觉，你在谈一个秘密。在员工面前不要表现出你有秘密，有些话如果真的不能让别人听见，就回家讲，或者到小酒馆、茶馆去讲，千万不要在员工面前做出一副很神秘的样子。

> 做领导干部的要特别记住：不要在角落里讲话，这样会给人一种感觉，你在谈一个秘密。

2. 关起门来说话

关门也是表明你在谈秘密。在跟人谈话时，我的办公室房门是从来不关的。我不是说关门不对，而是想强调：关门讲话总是有一些不太好的影响。

有的总经理在谈话前不但关门，关门时还会做些小动作，他会说："小许啊，来，来，来。"小许进来以后，总经理又在门外左右看一看，再把门关起来，好像小偷一样。不要关门讲话，你把门一关，大家就会说："哎哟，小许进去了，你看看，肯定要发生什么事情了。"关门会给人一种感觉：要谈一些秘密。因此不要关门说话。

3. 压低声音讲话

有的人讲话时不但压低声音，还故意做出一些夸张的动作。"我跟你说，老韩很快就完蛋了，总经理要把他干掉。"一边低声说，还一边做出"干掉"的手势，看起来好像很吓人。

你何必要压低声音说话？领导干部与人讲话时声音要保持正常。不要骂起人来，隔两个房间都能听到；也不要故意压低声音，掩着嘴悄悄地讲，以至于别人非得凑近才能听得到。

4. 说话时现狼顾之态

狼在奔跑的时候有个习惯，就是不住地回头，可以用"狼顾"来形容。狼之所以有这个习惯，是因为它生性多疑，总是担心从后边受到袭击，因此时刻都保持着高度警惕，随时注意后面有没有可疑情况。

有些人有时也有这样的习惯，在跟别人讲话时会狼顾。比如说，厂长把车间主任叫过来说："老王啊，这件事情……如果……"一边说还一边往后看看,好像后面有什么人似的。如果我的下属跟我讲话时常常狼顾,我会认为这个人不能用,因为他非常多疑,容易猜忌别人,用这种人就像在内部安插了一个炸弹一样。所以记住,讲话时不要狼顾。

5. 时刻表现亲密关系

有的人常常喜欢跟别人勾肩搭背,意思就是说:我支持你。其实这是一个不太好的小动作,别人一看就知道你们的关系不一般,就好像你们是公司当中的小帮派、小团体,这是很忌讳的。

有些总经理跟经理讲话时,也有这个毛病。比方说,总经理和各个经理坐在一起,总经理对旁边一个经理说:"哎呀,老潘啊,这事情你放心,啊,别在意,你问的事我肯定有办法的。"总经理一边说,一边还拍拍对方的膝盖。这就叫作过度亲密。过度亲密有什么坏处呢?其他人就会把你们想成是一伙儿的,就会有各种各样的猜测:"哦,你看,老潘跟老总走得很近。""你看,老总好像不太相信小徐,跟他讲话从来都是站得远远的。"另外,如果你以后要提拔谁,人家会说:"我说嘛,一定是他升起来,早就看出来了,他们两个讲话、走路的时候都是勾肩搭背的。"这样讲就很难听了,好像是你借助职权在提拔关系亲密的人。

本章小结

- 讲话态度分为三种，分别是退缩、攻击和积极。
- 退缩和攻击的谈话态度都是不可取的。得理不饶人只会把你和别人的关系搞僵，而一味地自怜也只会让坏人当道，积极的讲话态度才是合理的、正确的，才有助于真正解决问题。
- 积极的讲话态度分为五种类型，分别是谅解型、提示型、直言型、警诫型和询问型。
- 沟通时不该有的小动作包括：把人拉到角落里讲话、关起门来说话、压低声音讲话、说话时现狼顾之态、时刻表现亲密关系。

第七章

通过行为语言看透对方真实想法

在与别人沟通的时候,要善于观察对方的行为语言,从动作、姿态和表情中探察他的内心,从而获得一些有用的信息。

第七章
通过行为语言看透对方真实想法

▪▪▪▪ 行为语言由哪些要素构成

所谓行为语言，即肢体语言，是指借以表情达意、达到沟通目的的各种动作及表情等。你可以通过别人的动作、表情来体会他想表达什么。人有显意识和潜意识，在大多数时间里，人处在显意识当中，这时候，人讲出来的一些话是言不由衷的，是经过大脑的过滤和筛选的。但潜意识仍然发挥着作用，这主要表现在人的一些下意识的动作中，这些动作暴露出人的真实想法。所以，我们可以借助行为语言去观察一个人。

人的行为语言是由三个部分构成的，分别是动作、表情和身体的距离。

1. 动作——讲话的黄金搭档

动作是构成行为语言的重要组成部分。人们在讲话的时候，总是会下意识地做一些动作，比如举手、用手比画、踱步等。尤其是教师和演讲者，肢体上的动作更加明显，往往会贯穿于整堂课或整个演讲，目的就是要强化讲话内容，使听者更容易理解和接受。

2. 表情——心理变化的晴雨表

人类与自然界的很多动物不同，动物有表情的非常少，而人类却有着丰富的表情。这些表情不仅包括我们常说的喜、怒、哀、乐，还包括其他很多种类型，诸如吃惊、诧异、害怕、鄙视等。甚至在喜、怒、哀、乐这四大类中，还包含着很多的小类，单就"喜"来说，就有惊喜、欣喜、狂喜等很多种。

人在说话的时候，很少面无表情，即使是那些城府很深、不显山不露水的人，我们也能从他们表情的细微变化中捕捉到他们内心活动的蛛丝马迹。正如英国著名外交家查斯特·菲尔德曾说："要想了解谈话对象真正的情感，你应该仔细观察他的面部表情，因为驾驭语言比控制面部表情容易多了。"所以，就算你掩饰得再好，你的表情也会背叛你。跟动作一样，通过观察一个人的表情，也能够探察出这个人内心的想法。

3. 身体距离——关系亲密程度的度量尺

> 有一次，我乘坐飞机。在大家进入廊桥向飞机舱门走过去的时候，我感觉到后面有一个人贴我很近，我向前走了半步，他很快贴了上来，我就又向前走了半步，他又贴了上来。这让我感觉很不舒服，我只好回头对他说："贴得还真紧啊。"他笑一笑，没有说话。

我发现很多人都会有这样的习惯，就是跟人家贴得太近。从礼貌和沟通的角度来讲，这会给别人造成不必要的紧张，也会让别人觉得不舒服。

那么，在与人沟通时，多大距离才算是标准距离？其实这并没有确切的答案，通常要视两人关系的亲密程度而定：关系越亲密，离得越近，反之则越远。

在欧美国家，恰当的身体距离是胳膊抬起来不碰到对方。你如果在英国和法国排队，就会发现，他们把胳膊抬起来几乎碰不到前面那个人。

沟通

▪▪▪▪ 读懂形形色色的行为语言

行为语言可分为四种类型，分别是领域行为、礼貌行为、伪装行为和暗示行为。

1. 领域行为——"这是我的地盘"

你有没有发现小狗几乎每遇到一棵树或电线杆什么的，都会停下来撒尿？小狗为什么动不动就撒尿呢？其实不是因为它的尿太多，而是它要给那个地方做个记号，表示"这是我的地盘"。其实人类也有这种标明自己领域的行为。

比如说居家，很少有人买来或是租来一套房子，就直接搬进去的，哪怕房子是装修好的，他也总是要把里面的陈设按个

第七章
通过行为语言看透对方真实想法

人喜好布置一番才住进去。这也是在表示"这是我家，这是我的领域"。

再看看我们的办公室，总有一些人喜欢把他的照片摆在办公桌上，尤其是女孩子，很喜欢摆个相框或是小玩意儿之类的。这也是在表示"这是我的领域"。

还有饭桌上的汤和酒。饭桌不管是圆的还是方的，中间都有一条隐形的线。饭桌上的汤和酒要摆在你这一边，不要摆在客户那一边，这叫"让人家方便，让自己不方便"，就是尽量让对方的领域干净、简单，使他的空间大一些，而让自己的空间小一些。这样做会让对方感觉你很礼貌，很有修养，他也就会对你多一分好感。

其实在很多场合，我们都要避免造成对他人领域的侵犯。

比如，不要随便坐在别人的椅子上，尤其是不要坐在领导的椅子上。我当干部的时候，从来没有坐过总经理的椅子，因为那是他的领域，千万不能侵犯。

再比如，到别人家里去，不经主人的允许，不要随便拿人家的东西，不要随便开人家的冰箱，更不要随便进人家的卧室。

一定要注意领域问题，要让自己不方便，而不要让对方不方便。一个人如果总是表现得彬彬有礼、界限感分明，别人就愿意跟其亲近，沟通起来也更容易一些。

2. 礼貌行为——最好的沟通暖心剂

不同国家有各自不同的礼貌行为和规范。英国作家塞缪尔·约翰逊说："礼貌像气垫，里面可能什么也没有，却能奇妙地减少颠簸。"在日常生活中，礼貌行为更是促成人们交流、沟通的重要工具和手段，一个没有基本礼貌常识的人无法与他人很好地沟通。

下面介绍一些不同场合的基本礼仪。

敬酒

很多人给别人敬酒时，都没有特别注意到一个基本礼节：当对方把酒杯拿起来的时候，我们的酒杯杯口不能比对方的高，意思就是"你尊我卑"。

所以，向别人敬酒的时候要特别注意：酒杯在相碰的时候，我们的杯口高度应该比对方稍微低一点以示尊重对方。另外，在给上司敬酒的时候，你绝对不能碰出声音，这是起码的礼貌。

> 在日常生活中，礼貌行为更是促成人们交流、沟通的重要工具和手段，一个没有基本礼貌常识的人无法与他人很好地沟通。

第七章
通过行为语言看透对方真实想法

乘车和用餐

很多人在坐车的时候,并没有注意到基本的礼貌行为。其实该坐哪个座位、不该坐哪个座位,都有一定的讲究。

第一,乘坐出租车时。

来看看图 7-1,坐出租车的时候,司机旁边那个位置是级别最低的。跟朋友一起上出租车,你不可以把前门打开,说:"请坐,小吴。"此外,从图中还可以看出,级别最高的位置是后排的右边,其次是后排的左边,再次是后排的中间。

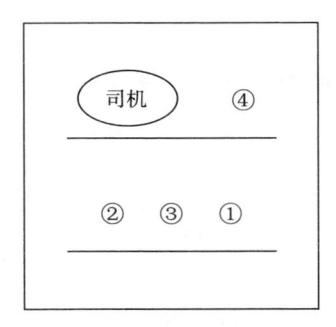

图 7-1 乘坐出租车时的座位安排

这里面有几个附带的问题要稍微解释一下。车左边的门对着车道,比较危险,出于安全考虑,我们一般都会让人从右边上车。从右边车门进到左边的位置,人得猫着腰,很不方便,谁会让重要的人这么做呢?所以,你应该把右边车门打开,请领导坐在右边,然后自己绕到车左边开门坐进去。这就叫有礼貌——把不便留给自己,把方便留给别人。

另外，我要给男士们一个建议：如果有女孩子坐车，不管你是什么级别，即使是总经理、董事长，都不要让女孩子坐到中间，那是汽车主轴经过的地方，是最不舒服的座位，而且从礼貌的角度来讲，没有人把中间当作大位。所以，男士们要表现得绅士一些——女士优先。

第二，车主自己开车时。

你在坐别人的车时，也要尽量注意礼貌问题。上车的时候，你应该坐在车主的旁边，坐到后面就表明你把车主当司机了，的确不太礼貌。

图 7-2 显示了此类情况下车座位的排序。

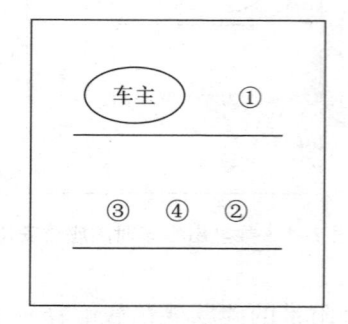

```
┌─────────────────────┐
│                     │
│   车主       ①      │
│                     │
│                     │
│      ③  ④  ②      │
│                     │
└─────────────────────┘
```

图 7-2　车主自己开车时的座位安排

第三，乘坐火车时。

坐火车的时候，如果不是高铁，那你也要注意一下座次的问题，在火车上，座位的重要程度依次为：面对行进方向靠窗的位置、背对行进方向靠窗的位置、面对行进方向靠过道的位置、背对行进方向靠过道的位置（见图7-3）。

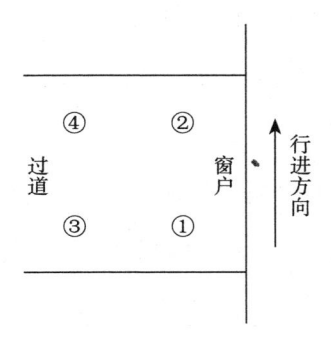

图 7-3 乘坐火车时的座位安排

第四，会客座位。

在会客室里，座位的安排也是有规矩可讲的（见图7-4）。

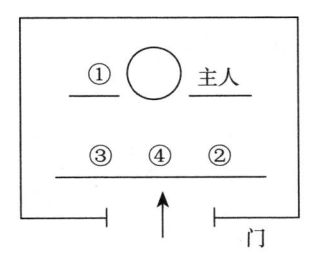

图 7-4 会客室的座位安排

凡是背对着门口的都是小位，面对着门口的都是大位。尤其要记住：面对门口靠右边的那个位置是主人的。面对门口靠左边的是贵宾，其他的座位都是面对主人和贵宾来排列的，第二和第三个位置在背对门的左右两边，最小的位置在中间。

我还要给大家一个忠告：如果会客室里只有你一个人，你的领导没有跟你一起去，你最好坐在②号位置，尽量不要坐在①号位置上，因为跟主人同排坐会有压力。

第五，餐厅座位。

在餐厅入座的规则是：凡是离门越远的、面对着门的都是大位，离门越近的、背对着门的都是小位（见图7-5）。

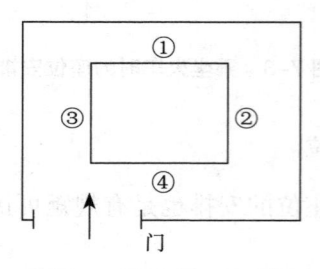

图 7-5　餐厅的座位安排

①号位置是面对门的位置，那么②号呢？是在右边那个位置，坐的是对方带过来的人。比如，郭主任来了，他坐到①号位置，陪同郭主任来的沈副主任，他就坐到②号位置，你自己就坐到③号，你的下属就坐到④号。

为什么这样坐呢？有两个原因：第一，菜、饭、汤都要从你们所坐的位置经过，这就是给对方方便；第二，因为离门比较近，你们去结账会比较方便。

第七章
通过行为语言看透对方真实想法

接待

如果有客人要到你们公司去，那么坐在自己办公室里等他进来是最不礼貌的一种接待方式，除非你的级别非常高，对方的级别很低，你们的职级相差悬殊。稍微有礼貌的做法，是站在自己办公室的门口等他；再礼貌一点的，是站在公司的楼下等他；更有礼貌一些，就是站在公司的大门口等他；最有礼貌的做法是，直接去接对方。总之，离客人越近，离自己的办公室越远，就越有礼貌。

电话自称

我们来看一段对话：

"哎，陈厂长在吗？"

"他不在。"

"陈厂长不在，那你是哪位？"

"我姓金，我是金小姐。"

大家要记住：打电话时不可以称自己"小姐"，"小姐"其实是个尊称；同样，"先生"也是。在自称的时候，是不能用尊称的，而应该用谦称，即谦虚的称呼法，这个规矩自古以来就

沟通

有。古代帝王号称"九五之尊",即使是这样,他也不会称自己"皇上",而是用"寡人""朕"来代替。其他像"卑职""在下""不才"等,也都是古人常用的自称。当今社会虽然不再用这些古语,但自称时仍然不会用尊称。比如,不可以称自己"小姐""夫人"或"先生",也不可以称呼自己的官职、头衔等。

接名片

拿到别人的名片,不要马上装起来,因为你的记忆力没有那么好。来看看下面这个情境对话:

有人接了你的名片,立即装了起来,过后对你说:"哎呀,岳先生。"

"不,不,不,我不姓岳,我姓蔡。"你及时纠正了他。

"哦,哦,对不起,蔡先生,你们这个搞五金……"

"我不是搞五金的,我是酒店里的。"

"哦,酒店里的,其实啊,你在石家庄……"

"我不在石家庄,我在秦皇岛。"

"哦,对,对,秦皇岛,秦皇岛。"

"哎哟,我真是受不了。"对方的错误让你怨声连天。

为什么对方老是把你的信息搞错呢？就是因为他接过你的名片后，没有仔细看，就立即装了起来，所以，自然记得不是很清楚。

我的建议是：拿到名片后仔细看一下，一看对方的公司，二看对方的从业类别，三看对方的头衔，四看对方的姓名，五看对方的地址。由于信息较多，为了避免自己忘记，就不要马上收起名片，而应该将它摆在桌上。

关于名片，日本人有两个小地方值得大家学习。

第一，吃饭的时候，对方给的名片如果超过了五张，他们不会马上收起来，而是将所有名片在桌上摆成一个扇形，每张名片对应着相应的人，在跟某个人讲话以前，会瞄一下他的名片。

第二，我在跟日本人交谈的时候经常发现，对方会中途把名片翻到背面，在上面写字，再把名片翻过来。后来我才知道，他们喜欢把跟对方有关的信息记在其名片背面，之后再把名片背面的东西抄在笔记本上。客户多了以后，特别容易张冠李戴，有了记录，就不容易搞错了。

上下楼梯

上楼梯的时候，应该是女士先上，男士后上；下楼梯的时候，是男士先下，女士后下。如果你记不清楚这个顺序，就只

沟通

需记住一件事情：任何时候都要考虑到女士的安全，这是礼貌。

握手

握手在商务场合非常常见，也涉及比较多的注意事项。

第一，握手的顺序一般是主人、长辈、上司、女士主动伸出手，客人、晚辈、下属、男士再相迎握手。

第二，一定要用右手握手，这时左手不能插在口袋里。

第三，要注意力度大小和时间长短，不要将对方的手拉过来推过去，或者上下左右抖个不停。

第四，握手时要注意微笑致意，和对方有目光接触，不要面无表情，一言不发，眼神飘忽。

第五，如果戴着手套，握手时一定要先摘下手套。但在社交场合，女士戴与礼服相配套的薄纱手套与人握手是可以的。

第六，如果男士同女士握手，一般只轻握女方的手指部分，不宜握得太紧太久。

第七，拒绝与对方握手是非常不礼貌的。若手上有水或不干净，可婉拒握手，但必须解释并致歉。

3. 伪装行为——藏不住心思

人有时候会隐藏自己内心的真实想法，但是我们仍可以从

第七章
通过行为语言看透对方真实想法

其一些下意识的行为中窥探他的内心，洞察他的真实想法。下面列举几种常见的伪装行为。

叩桌子

有的人在跟别人讲话的时候喜欢叩桌子。对于这个动作，我们要特别注意，叩桌子就是在等待答案。比如，你跟对方谈判，在讲完重点后，对方如果开始叩桌子，就表示他大概没有话讲了，他在等你的答案，也就是说，他没招了，他要讲的重点都讲完了。

所以，这反过来提醒我们，不要常常叩桌子，这样会让对方感觉我们没招了，这是谈判时"最致命的要害"。

> 围棋高手李昌镐，下棋时面无表情，喜怒不形于色，无论棋局如何变化，他都能做到宠辱不惊，自始至终保持冷静，因此大家送他一个很形象、很贴切的外号——"石佛"。有棋手这样评价他："和李昌镐下棋，棋还没有下，便觉得已经输了。"究其原因，除了他本身具备的实力之外，他没有任何下意识的动作让对手抓住把柄，致使对手无从捉摸，自己先乱了阵脚。

抖腿

有的人喜欢抖腿，心理学上对这种行为是有解释的：抖腿表示精神紧张，至少是对现况的一种焦虑。当我们在与对方谈判的时候，如果发现对方开始抖腿，就知道他已经讲到重点了，而且他对谈判的结果有一种莫名的焦虑感。所以，谈判时，我们千万不要抖腿。

摸扶手

有的人喜欢摸座椅的扶手，潜台词就是：我真想站起来，我真的不想再跟你谈了，我恨不得现在马上就走。如果跟对方谈话时发现他有这个动作，我会说："谢谢你啦，宋先生，今天我们谈得很愉快，其他的重点改天再谈吧。""再坐坐吧，老余。"他可能会假装挽留。"不，真的，今天真的麻烦你了。"

对方如果不喜欢你继续讲下去，你再讲只会让他反感——他都不想跟你谈这件事了，你何必非要缠着他，拉着他？

摸鼻子

有的人讲话时喜欢摸鼻子，这又怎么解释呢？这其实是表示他很犹豫，很可能在说谎。因为人在说谎时，会下意识地去摸自己的鼻子，意思就是"我要遮住我的嘴"。所以，当别人摸鼻子的时候,你要特别小心,他可能在说谎。

摸茶杯

有的人讲话时有个下意识的动作,就是端起茶杯往里面看看,然后放下,没过一会儿,又端起茶杯看看,又放下。如果你遇到这样的客户,表面上看,好像是客户看到茶杯里没有茶,于是把杯子放下,但其实,客户做这个动作是希望马上能够谈成这笔买卖,体现了他内心的焦躁。人一旦着急,就会口渴,就会忍不住去摸杯子。

有段时间我跟日本人一起工作,发现他们很擅长利用人的这一心理。跟别人谈判时,他们会把最重要的话都留在最后,故意不给双方添茶,也不上饮料,即将吃饭的时候,他们会故意跟你说:"马上谈完了,我们就吃饭。"很多人常常不小心就掉进这个陷阱,开始显得不耐烦,摸茶杯。这时候,他们就明白:对方大概是没有话讲了,开始等答案了。于是他们"咔"一刀就砍下去:"那么就七折。""那怎么可以呢?""那我们就再谈吧。"意思就是今天不谈完不吃饭,对方很可能耐不住性子:"好吧,好吧,七折就七折,以后不要再七折了,大家休息吧。"其实,他们就是在等对方这句话。

所以,在谈判的时候,尽量不要去摸茶杯,因为它会暴露出你焦急的心态,泄露你的秘密。

双臂交叉

女性常常会双臂交叉，潜台词就是"我好怕呀"。如果有女性跟我们讲话时做这个动作，就说明你离她太近，对她构成了威胁，她对你很不放心。所以，跟女性讲话时，如果她突然间做这个动作，我会后退半步。有的时候你离女性太近，你讲话她听了心里不舒服，你的话对她来说有侵略性，她都会感到不自然甚至紧张，不知不觉间就会做出双臂交叉的动作。

手插在裤兜里

一个人讲话时如果总喜欢把手插在裤兜里，多半是他对现场感到有点不安，有点顾虑，有点紧张。而且，有些事情他不想讲，于是他把手插在裤兜里，就好像要把秘密藏在口袋里。

总之，注意观察一个人的动作，你可以发现很多信息，这对你的沟通非常有利。

4. 暗示行为——此时无声胜有声

与伪装行为不同，暗示行为并不是想隐藏心事。相反，它是通过一些无声的动作来告诉别人自己内心的想法。

第七章
通过行为语言看透对方真实想法

握手

握手的方式不同,双方的感受也会不一样。由此,可以把握手分为以下四种方式。

第一,两只手握上去。

见图7-6,两只手握上去表示:我非常尊敬你,或者我有求于你。相对来讲,就是对方处于比较尊贵的位置,而自己比较卑微。

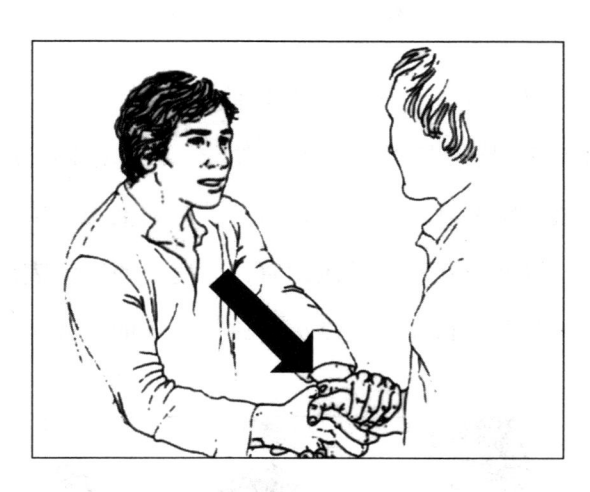

图7-6 握手方式一

第二,一只手握上去,另一只手端对方的肘。

见图7-7,端肘表示:我支持你。如果两人互相端着对方的肘部,就表示两人会互相支持。

沟通

图 7-7 握手方式二

第三，一边握手，一边揽对方的肩。

见图 7-8，揽肩是表示：我是大哥，我保护你。这个动作不能随便做，如果对方地位比较高，是你的上司，或者是你的一位贵宾，你可千万不要揽他的肩，你揽他的肩就表示你是大哥，这会让对方感到你没大没小，缺乏基本的素养，进而对你

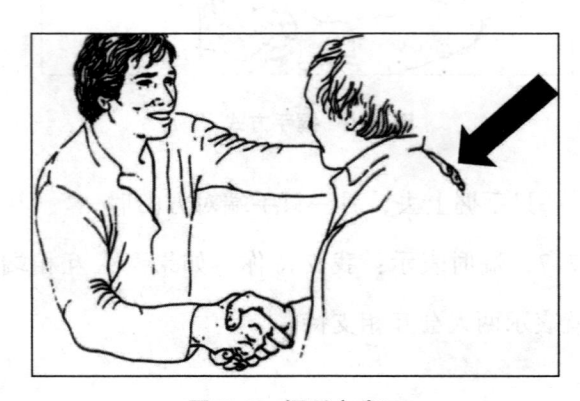

图 7-8 握手方式三

产生反感。

第四，一边握手，一边搂对方的肩。

见图 7-9，搂肩跟揽肩又不相同，搂肩表示兄弟之间血浓于水，荣辱与共，潜台词就是：兄弟你放心吧，我会为你两肋插刀、赴汤蹈火。所以，除非你跟对方有非比寻常的亲密关系，否则，尽量不要做这个动作。

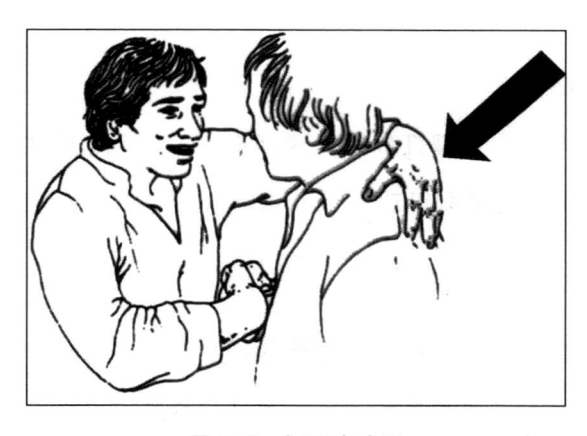

图 7-9　握手方式四

扬眉

人在讲话的时候扬眉是什么意思呢？这表示有点不太相信对方的话。我们常常发现，话剧演员等舞台演艺人员在演戏的时候动作会比较夸张，当他们用怀疑的语气说"是吗"时，通常会故意做出扬眉的动作。

沟通

耸肩

耸肩是什么意思呢？我举个例子。同事对你说："哎，老板要派你去机场接贵宾。"你不好意思说你不想去，就会做耸肩的动作，意思就是：没办法，碰到了呗。

所以，人在无奈的时候就会做这个动作。假如有人托你办件事情，你做了这个动作，对方大概就会明白你是什么意思了。

用脚打节拍

有的人喜欢用脚打节拍，这其实是一个预备性的动作，表示恨不得马上就采取行动。

> 有一次，我在上海坐地铁，坐在我旁边的一个人不断地用脚打着节拍。我一边观察他的举动，一边暗自思忖着他的想法，我认为他肯定是这么想的：等一下如果车到站了，我就马上走，唉，为什么还不到站呢？下一站是人民广场，赶快到啊，到了我就冲出去，最好第一个上台阶，抢到第一部出租车。我就故意问他："你有急事啊？""你怎么知道？"他回过头来，用疑惑的眼神看着我。"你看看你的脚啊。"我提醒他。

第七章
通过行为语言看透对方真实想法

果然不错！我们刚刚聊了两句，广播里响起了报站员的声音："各位乘客，人民广场站到了……"车门一开，他"嗖"的一下就冲出去了。果不其然，他那个动作就是预备动作——车一到站，就马上冲出去。

站立的地点

一个人在讲话时站立的地点也能够暗示其所思所想。

我在前文提到过，讲话的地点应避免角落、关起门的屋内，因为这实际上是一种暗示行为，暗示你有秘密，不想让别人知道。千万不要在别人面前做这种暗示。

综上所述，与人沟通谈判的时候，对方讲的话不见得都是真实的，但我们可以通过观察他的动作、姿态、表情等行为语言，获知他的真实想法。这不但很有趣，对我们在谈判中占据有利地位也非常有帮助。

沟通

> **本章小结**
>
> ◆ 所谓行为语言，是指借以表情达意、达到沟通目的的各种身体动作及表情等。
>
> ◆ 人的行为语言由三部分构成，分别是动作、表情和身体的距离。
>
> ◆ 行为语言可分为四种类型，即领域行为、礼貌行为、伪装行为和暗示行为。
>
> ◆ 在与别人沟通的时候，要善于观察对方的行为语言，善于从对方的动作、姿态和表情等探察他的内心，从而获得一些有用的信息。

第八章
七个技巧，让上司了解你

我经常听到一些员工抱怨："哎呀，我的上司不了解我。"其实，这是因为你没有让上司了解你，你没有创造让上司了解你的机会。那么，怎么做才能让上司了解你呢？本章提出七个让上司了解你的技巧，希望能对你有所帮助。

第八章
七个技巧，让上司了解你

▪▪▪▪ 主动报告工作进度

在日常工作中，我们需要主动向上司报告自己的工作进度，不能总让上司来问你：你现在在做什么？你做到哪里了？完成了几分之几？

比如，孙小姐是某总经理的下属，最近正在筹备一个重要会议，总经理出差回来一下飞机，她就在车里向总经理汇报会议的进展情况，她汇报得非常周详，从什么人参加、会场布置得怎么样，到会议的时间安排、具体步骤等，都一一向总经理做了汇报。这就叫作主动报告自己的工作进度。

沟通

▪ ▪ ▪ ▪ 积极应对上司的各种询问

> ▪
> 在沟通时不要上司问一句你答一句，这样不但使你很被动，而且无法让上司完全了解事情的全貌。
> ▪

在沟通时不要上司问一句你答一句，这样不但使你很被动，而且无法让上司完全了解事情的全貌。你一定要将事情尽量讲得全面、完整。

还记得多年以前，我派我们公司的小齐去码头，帮我看看公司的两个集装箱到了没有。她回来后告诉我说："没来。"

我说："那什么时候来？"

第八章
七个技巧，让上司了解你

她说："没问。"

我说："你去问问。"

她就去码头问，回来后跟我说是后天到。

我就问她："后天是上午到还是下午到？"

这次她学乖了，说是下午。

我问她："两个柜子都是整柜的，还是我们跟别人合装的？"她又说没问。

我为什么要问这个问题呢？因为国外给我的提单号码跟她说的号码不一样。结果我猜对了，那两个柜子里面，我们的货都只装了一半，另外一半要下星期来。我就告诉她："小齐，以后我问一件事情，你要给我讲清楚，不能我问一句你就答一句。"

对上司的询问，如果都像案例中的这位小齐一样不能清楚地回答，上司肯定不会放心。

■■■■ 努力学习，提升自我价值

在公司里，不同级别的人的知识背景和眼界是不一样的。我们就拿楼房的高度作个比喻，如果总经理在50层，那么副总经理就在40层、经理在30层、副经理在20层、主管在10层、员工在10层以下。假如我们是副经理，总经理说："前面风景好美啊，树木葱郁，河流蜿蜒。"我们可能会说："看不到啊，总经理。"事实的确如此，20层怎么能看到那么远的风景呢？

"欲穷千里目"，就得"更上一层楼"。想要看到更高更远的景色，我们必须登上更高的楼层。也就是说，我们要充实自己，努力学习，向上级看齐，力争拥有和他一样的才学与眼界。

第八章
七个技巧，让上司了解你

所以，如果你能够不断地学习，努力提高自己的能力和水平，上司一讲，你就明白，还可以准确无误地去执行，上司自然就轻松了。

> 如果你能够不断地学习，努力提高自己的能力和水平，上司一讲，你就明白，还可以准确无误地去执行，上司自然就轻松了。

沟通

■■■■ 接受批评，同样的错误不犯第三次

"颜回不贰过"，说的是孔子有个学生叫颜回，在他的一生中，同样的错误不会犯第二次。我们很难做到像颜回那样，但至少要做到同样的错误决不犯第三次。在这里，我给大家一个建议：找个笔记本，上面写上"×年×月×日，不小心犯了一个错误"。如果犯第二次，就在后面接着写"×年×月×日，不小心又犯了一次"，然后还要加一句"我发誓不犯第三次，真的犯了我将惩罚自己"。如果你能够这样做，相信终有一天你可以对老板说："老板，您放心吧，同样的错我绝对不犯第三次。"如果是这样，上司就省事了。

第八章
七个技巧，让上司了解你

美国旅馆业巨头希尔顿有一次去日本东京，在飞机上遇到了一位女记者。这位女记者问希尔顿："希尔顿先生，您取得了辉煌的成就，您的经营技巧是什么？我和所有人都想知道。"

希尔顿听后笑了笑，没有正面回答，而是对女记者说："你到了东京之后，住进我的酒店，临走时把你不满意的地方告诉我，当你下次来住时，我们不会再犯同样的错误。这也许就是我的技巧吧！"

沟通

▪▪▪▪▪ 不忙的时候主动帮助别人

下班后，你最好不要对所有正在忙碌的同事说"哎，各位，明天见"，然后溜之大吉。大家都在忙，你先下班，事情做完了，你先跑，根本就没把同事的紧张和忙碌放在眼里。在实际工作中，我发现很多人是这样的，对同事的忙碌从来都视而不见，"各人自扫门前雪，莫管他人瓦上霜"是他们一贯的做事风格。其实，这样的作风很不好，在你很闲而别人却忙不过来的时候，你应该搭把手，这样做不但不会花费你太多的时间和精力，而且能让你赢得同事的信赖和好感。更重要的是，你其实也是协助了上司，帮他分担了一些事情，甚至解决了他的燃眉之急，让他的工作更加高效。

第八章
七个技巧，让上司了解你

所以，当你已经做完了分内之事而同事却忙得不可开交时，问问人家有什么地方需要帮忙，看看什么地方还需要人手，帮着做一做。

> 沟通

▪▪▪▪ 毫无怨言地接受任务

在这里,我提出一个名词给大家做个参考,叫作"残疾哲学"。这是我自己发明的一个词,意思就是让老板"残疾",因为老板"残疾"了,我们就变成了无可取代的人。当老板把工作丢给我们的时候,我们要接起来;他再丢,我们就再接起来。

我当货运部督导的时候,客票部有位女同事怀孕了,总经理就叫我去学学客票业务。我是货运部的,对客票部的业务不是很懂,但我还是坚持在家里学习客票业务。

后来,管理机场业务的王主任要从高雄调到台北,总经理就叫我去接管包机业务，我也是没有任何怨言地把这个任务接了下来。再后来，总经理调到台北去了，我就升上来了。因为我客票也懂，包机也懂，货运也懂，仓储也懂，不升我升谁呢？

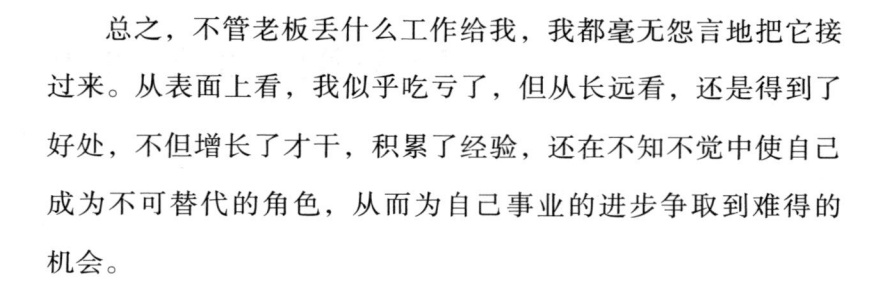

总之，不管老板丢什么工作给我，我都毫无怨言地把它接过来。从表面上看，我似乎吃亏了，但从长远看，还是得到了好处，不但增长了才干，积累了经验，还在不知不觉中使自己成为不可替代的角色，从而为自己事业的进步争取到难得的机会。

沟通

▪ ▪ ▪ ▪ 主动改善自己的业务能力

> 公司里的每一个员工都应该积极主动地提高自己的业务水平，主动对自己的业务能力提出改善、提升的计划，并切实付诸行动。

上司的业务进步了，会带来公司真正的进步。上司业务的进步，除了要依靠自身的不懈努力之外，还离不开下属的业务支持，所谓"水涨船高"就是这个道理。

所以，公司里的每一个员工都应该积极主动地提高自己的业务水平，主动对自己的业务能力提出改善、提升的计划，并切实付诸行动。如果员工们都对自己的业务能力听之任之，不主动争取进步，他的上司甚至是整个公司又怎么能进步呢？这个道理其实很简单：销售部经理要取得业绩的提升，不但自己要努力争取客户、争取订单，更要依靠每个销售代表切实履行职责，想方设法提高业绩，只有这样，销售部经理才能真正获得进步。

总之，不要常常说上司不了解你，要想到是你没有做任何事情让他了解你，上司平时是很忙的，他有他自己的工作。你如果不愿意努力学习充实自己，不主动改善业务能力，总是犯同样的错误，不能主动地帮助同事，对上司交代的任务抱怨不止，不能主动报告自己的工作进度，对上司的问话也回答不清，那又有什么权利去要求上司了解你呢？沟通是双向的，你不能单方面地埋怨上司，应该学会自我检讨，主动地去做一些事情让上司发现你、了解你。

沟通

本章小结

◆ 沟通是双向的，上司不了解你，很大程度上是因为你没有创造让上司了解你的机会。

◆ 你如果不愿意努力学习充实自己，不主动改善业务能力，总是犯同样的错误，不能主动地帮助同事，对上司交代的任务抱怨不止，不能主动报告自己的工作进度，对上司的问话也回答不清，那就没有资格要求上司了解你。